Wo bleibt die Qualität in den aufsuchenden Erziehungshilfen?

Eine Streitschrift von Marie-Luise Conen

Deutscher Verein für öffentliche und private Fürsorge e.V.

LAMBERTUS

Soziale Arbeit kontrovers (SAk) 32

Verlag des Deutschen Vereins
für öffentliche und private Fürsorge e.V.
Michaelkirchstraße 17/18, 10179 Berlin
www.deutscher-verein.de

Auslieferung über den Lambertus-Verlag:
www.lambertus.de

Druck:
Plump Druck & Medien GmbH,
53619 Rheinbreitbach

Printed in Germany 2023
ISBN 978-3-7841-3677-6
ISBN E-Book 978-3-7841-3678-3

Gefördert vom:

Bundesministerium
für Familie, Senioren, Frauen
und Jugend

Die Reihe „Soziale Arbeit kontrovers"

Der Deutsche Verein für öffentliche und private Fürsorge e.V. und der Lambertus Verlag möchten mit dieser Schriftenreihe aktuelle Fragen der Sozialen Arbeit aufgreifen und in knapper, handlicher Form Orientierungshilfen zur Verfügung stellen. Ausgehend von einer provokanten oder rhetorischen Fragestellung sollen vermeintliche Gewissheiten, Selbstverständlichkeiten oder Verallgemeinerungen kritisch überprüft werden. Ziel dieser Schriftenreihe soll es nicht sein, einfache Lösungen zu präsentieren, sondern die Komplexität der Themen vor dem Hintergrund der Entstehungs- und Rahmenbedingungen und der jeweiligen Einflussfaktoren darzustellen.

Die Herausgeber haben ein Format gewählt, das der Lesbarkeit und Übersichtlichkeit einen hohen Rang einräumt: Renommierte Autorinnen und Autoren legen ihre Forschungsergebnisse und Schlussfolgerungen knapp und ohne umfangreichen wissenschaftlichen Apparat dar. Dem Charakter der Reihe entspricht es, dass die unterbreiteten Ideen und Vorschläge nicht immer mit den Positionen der Herausgeber übereinstimmen. Unter www.deutscher-verein.de und www.caritas.de finden Sie jeweils die aktuellen sozialpolitischen Positionierungen des Deutschen Vereins und des Deutschen Caritasverbands (Gesellschafter des Lambertus-Verlags).

Wir hoffen, mit dieser Schriftenreihe den fachlichen Diskurs zu fördern und freuen uns auf Rückmeldungen der Leserschaft.

Michael Löher

Vorstand des Deutschen Vereins für öffentliche und private Fürsorge e.V.

Petra Itschert

Geschäftsführung des Lambertus-Verlages

Inhalt

1. Ausgangslage

Seit der Reform des Achten Buchs Sozialgesetzbuch (SGB VIII) von 2021 stehen die ambulanten Hilfen zur Erziehung (HzE) deutlicher denn je vor der Notwendigkeit eines Qualitätsschubs, um den (neuen) Anforderungen gerecht zu werden, Familien bei Erziehungsschwierigkeiten und Familienproblemen so weit zu unterstützen, dass positive Veränderungen (wieder) möglich sind. Denn das neue SGB VIII verlangt, dass Eltern – ausgestattet nun mit einem Rechtsanspruch – verstärkt einbezogen werden müssen. Dies gilt auch, wenn dieses Recht bei Nicht-Wohlverhalten der Eltern wieder entzogen werden kann und ein Kinderschutz, der von einer grundsätzlichen Gefährdung von Kindern durch ihre Eltern ausgeht, deutlich priorisiert wird (vgl. hierzu die Kritik Conen 2021).

Das Recht auf Beratung und Unterstützung der Eltern – auch nach einer Fremdplatzierung und auch unabhängig davon, ob die Eltern(-teile) personensorgeberechtigt sind oder nicht, – erfordert es, nun endlich in eine den gesamten Unterbringungsprozess begleitende Elternarbeit vor allem im stationären Bereich zu treten. Diese Elternarbeit wird zwar häufig propagiert, aber beschränkt sich meist auf Kontakte zwischen Tür und Angel (wie schon in der Elternarbeitsstudie von Conen [1990b] festgestellt wurde). Aber auch der ambulante Erziehungshilfebereich ist hinsichtlich seiner Qualität und Wirksamkeit gefordert. Denn nunmehr hat ein Mangel an Qualität in den ambulanten Erziehungshilfen deutlichere Konsequenzen als in der Vergangenheit: Der „Misserfolg" einer solchen Arbeit in den betreffenden Familien wird erheblich dazu beitragen, vor allem bei Fremdunterbringungen in Pflegefamilien einer dauerhaften Trennung der Kinder von ihren leiblichen Eltern Tür und Tor zu öffnen (vgl. Conen 2019).

Der „Misserfolg" oder die als unzureichend angesehenen Veränderungen im Familiensystem werden dann der Familie angelastet – und nicht einer unzureichend qualifizierten oder gar mangelhaften Arbeit mit der Familie. Kritik an der Leistungsfähigkeit der ambulanten Hilfen (vgl. u.a. Köckeritz 2009) wird dann sogar als Beweis dafür benutzt, dass die betroffenen Familien nicht in der Lage seien, die notwendigen Veränderungen zu entwickeln. Die nunmehr mögliche „Perspektivklärung" (§ 36a SGB VIII), die man nun bereits im ersten Hilfeplangespräch bei einer Fremdunterbringung anstrebt, erhält m.E. bisher in keiner Weise die eigentlich zwingend notwendige Aufmerksamkeit als Bedrohung für die Eltern, ihre Kinder auf Dauer zu verlieren. Denn diese Art von Perspektivklärung müsste eigentlich einen deutlichen Einfluss auf die Gestaltung und vor allem einen Schub an Qualität der aufsuchenden Arbeit mit diesen Familien mit sich bringen.

Doch eine solche Qualitätssteigerung geschieht derzeit nicht. Im Feld der ambulanten aufsuchenden Erziehungshilfe dominiert die ängstliche Sicherung der eigenen (Träger-)Existenz und eine damit verbundene Akzeptanz immer schlechterer Rahmenbedingungen. Es herrscht ein Mangel an konzeptioneller Weiterentwicklung sowie ein Defizit an Hinterfragen der bisherigen Arbeitsansätze. Denn es ist deutlich: Kompensatorische Hilfestellungen boomen, als ob es in den letzten Jahrzehnten keine Weiterentwicklungen gegeben hätte. Es ist eigentümlich zu sehen, wie ambulante aufsuchende Erziehungshilfen, insbesondere die Sozialpädagogische Familienhilfe, in einer längst überholt geglaubten Art und Weise ausgeführt werden. Sie entsprechen in keiner Weise den notwendigen fachlichen Weiterentwicklungen. Hierzu ist ein historischer Rekurs notwendig.

2. Historischer Rekurs

Als Berliner Studentinnen im Rahmen der „Heimkampagne“ 1969 merkten, dass die Kinder sozial und ökonomisch benachteiligter Familien keine Hilfen – außer Fremdunterbringung – erhielten, begannen 1969 einige von ihnen zunächst ehrenamtlich für diese belasteten Familien als Familienhelferinnen[1] zu arbeiten. Dabei bezog man sich eher auf kompensatorische Hilfestellungen wie Hausaufgabenbetreuung, Freizeitaktivitäten mit den Kindern, Begleitung oder gar Kontaktgestaltung mit Behörden u.Ä.m. 1975 fand bereits die erste Familienhilfe-Tagung in Berlin statt (eine ausführliche Darstellung der historischen Entwicklungslinien der aufsuchenden Familienhilfen in Deutschland sowie weiterer Konzepte aufsuchender Familienarbeit nimmt Andreas Gut [2022] vor).

Viele Jugendämter griffen in dieser Zeit die Kritik an den Heimunterbringungen auf und suchten Wege, aufsuchende Hilfen für Familien zu finanzieren. Berlin ging über viele Jahre den Weg, dafür Honorarkräfte zu rekrutieren, die meist Studierende aus sozialwissenschaftlichen Studienfächern waren. Familien erhielten Hilfen von bis zu 19 Stunden pro Woche. Dieser Stundenumfang war bereits damals mit der Einstellung verbunden, dass die meist hochbelasteten Familien dauerhaft diese Hilfe benötigten. Wenn eine Familienhelferin damit haderte, dass sich keine Veränderungen abzeichneten und den „Fall“ abgab, wurde die nächste Hilfe in die Familie geschickt. Sobald diese Studierenden ihr Studium abgeschlossen und eine adäquate Arbeitsstelle gefunden hatten, verließen sie – auch wegen der schlechten Arbeitsbedingungen – das Feld.

---

1 Ich verwende ausschließlich die weibliche Form, da je nach Arbeitsfeld der Sozialen Arbeit bis zu 98 % der Fachkräfte Frauen sind.

Über die nächsten Jahre hinweg entwickelte sich die Familienhilfe zu einer „Sozialpädagogischen Familienhilfe“ (SPFH), die sich schließlich im Kanon der Hilfeleistungen im 1991 verabschiedeten neuen Kinder- und Jugendhilfegesetz wiederfand. Während Berlin und einige andere Kommunen weiterhin auf eine Vielzahl von Honorar-Familienhelferinnen anstatt auf eine gewisse Qualifikation der Fachkräfte setzten, zogen andere Kommunen es vor, eher weniger SPFH in Auftrag zu geben, aber dies mit festangestellten und qualifizierten Mitarbeiterinnen. Auf Fachtagungen setzte man sich zunehmend dafür ein, SPFH nur durch Sozialarbeiterinnen und Sozialpädagoginnen durchzuführen. Allerdings war die Arbeit weitgehend von einem Selbstverständnis der kompensatorischen Hilfestellung geprägt und nicht einer auf Veränderungen abzielenden Familienarbeit.

1999 wurden in Berlin und anderen Orten, die bisher auf Honorarbasis und in Scheinselbstständigkeit ausgeführten SPFH aufgrund neuer rechtlicher Regelungen (Einklagbarkeit von Festanstellungen) umgewandelt und die Familienhilfe an neue, in der Regel recht kleine freie HzE-Träger abgegeben. Diese Veränderung entsprang jedoch nicht fachlich-inhaltlichen, sondern finanziellen Erwägungen. In kurzer Zeit entstanden in Berlin über 180 (fast nur kleine) HzE-Träger, die ambulante aufsuchende Erziehungshilfen anboten. Die aufsuchenden Erziehungshilfen waren in den folgenden Jahren und Jahrzehnten und eigentlich bis heute in einer heiklen Situation, da ihre finanziellen Mittel zur Manövriermasse in den kommunalen Jugendhilfehaushalten wurden.

Der Boom der 1980er-Jahre führte auch dazu, dass eine Reihe von Forschungsprojekten durchgeführt und inhaltliche Formierungen zur SPFH erfolgten. Erste empirische Bestandsaufnahmen wurden u. a. von Ingeborg Pressel (1981) in Kassel, von Heidi und Karl Nielsen (1984) sowie von Christine Christmann und C. Wolfgang

Müller (1986) in Berlin durchgeführt. Man setzte sich mit Fragen der notwendigen Qualifikationen und Rahmenbedingungen, aber auch mit den Möglichkeiten und Grenzen der SPFH in vielfältigen Veröffentlichungen auseinander. Anlässe für SPFH waren schwerpunktmäßig Erziehungsschwierigkeiten, Beziehungsprobleme, Entwicklungsauffälligkeiten und Schulprobleme. Zu dieser Zeit wurden auch mögliche Leistungsgrenzen dieser Hilfeform diskutiert. So gab es u.a. in Berlin das Ausschlusskritierium, nicht mit Familien zu arbeiten, in denen einer der Elternteile ein Alkoholproblem hatte. Ratlosigkeit im Umgang mit anderen schwierigen Themen, wie dem sexuellen Missbrauch von Kindern in den Familien, den man ahnte oder vermutete, führte dazu, eher keine konzeptionellen Überlegungen zu entwickeln (vgl. Conen 1997).

3. Inhaltliche Stagnation in der Sozialpädagogischen Familienhilfe

SPFH ist stark handlungsorientiert und versucht, über ein direktes Eingreifen in Alltagsabläufe kompensatorisch zu wirken. Sie geht dabei vielfach von normativen Vorstellungen aus, denen die Familien genügen sollen. Sie übernimmt Aufgaben, die eigentlich von den Eltern erfüllt werden sollten/müssten; sie soll die Defizite kompensieren, die ein gelingendes Aufwachsen von Kindern erschweren. Gespräche mit den Eltern sind im Allgemeinen von Ratschlägen und Hinweisen geprägt. Aufgrund der Elternersatzfunktion und der damit verbundenen impliziten Erwartung, dass die Eltern sich die erforderlichen Kompetenzen aneignen, war SPFH von Anfang mit einem strukturellen Konflikt zwischen Ersatzfunktion, Vorbildfunktion und Veränderungserwartung konfrontiert.

In den kompensatorischen Angebotskanon gehören passenderweise auch Haushaltsorganisationstrainings wie HOT und Familienpflege. Diese Hilfen sollen helfen, „wieder eine Ordnung" in die Familien zu bringen, wobei außer Acht gelassen wird, dass die Probleme in diesen Lebensbereichen – aus systemischer Sicht – nicht durch Anleitung und Wissensvermittlung anhaltend verändert werden (können) (Cecchin/Conen 2008).

In den 1990er-Jahren war zwar eine stete Ausweitung von SPFH als Angebot der Jugendhilfe, gleichzeitig aber auch eine inhaltliche Stagnation in der Gestaltung dieser Hilfeform zu verzeichnen (Conen 1990a; 1993). Mittlerweile hatte sich eine immer größere Zahl von Sozialarbeiterinnen und Sozialpädagoginnen familientherapeutisch weitergebildet. Diese Fachkräfte sahen in den kompensatorischen Formen dieser Hilfe eher ein Festhalten der Familien in ihren bestehenden Problemlösungsmustern als ein Öffnen für neue Lösungswege. Mit ihrer Qualifikation hatten (und haben) sie ganz andere Vorstellungen davon, wie den Eltern ein gelingenderes und zufriedenstellenderes Zusammenleben mit ihren Kindern möglich werden kann. Ihre Überlegungen, nicht mehr kompensatorisch zu arbeiten, sondern an Veränderungen der Kommunikations-, Interaktions- und Lösungsmuster der Familie zu arbeiten, wurden nicht immer von den beauftragenden Jugendamtssozialarbeiterinnen aufgegriffen. Daher musste in dieser Zeit so manche Familienhelferin quasi „undercover" ihre veränderungsorientierten Ideen anwenden, um zu den gewünschten Ergebnissen zu gelangen. Dies führte nicht nur zu einer großen Unzufriedenheit, sondern auch zu dem Wunsch, dennoch Wege zu finden, entsprechend der eigenen inhaltlichen Qualifikation zu arbeiten.

Aufgrund dieser Entwicklungen und in Kenntnis der Jugendhilfediskussionen in den USA entwickelte ich das Konzept der „Aufsuchenden Familientherapie" (AFT) (Conen 1999a; 1999b; 2002). Die allgemeine Unzufriedenheit mit der bestehenden SPFH führte in dieser Zeit auch zum Aufkommen anderer Arbeitsansätze wie Familien im Mittelpunkt (FIM), FamilienAktivierungsManagement (FAM), Systemisch-integrative Familientherapie in sozialen Diensten (Wnuk-Gette/Wnuk 1997) u.Ä.m.

Ein immer heterogenerer Markt von Hilfen für Familien trug dazu bei, dass das Deutsche Jugendinstitut (DJI) zwischen 1994 und 1997 ein groß angelegtes Praxisforschungsprojekt durchführte, an dem ich teilnahm. Neben einer Bilanzierung erfasste das „Handbuch der Sozialpädagogischen Familienhilfe" (DJI 1997) zahlreiche Konzeptbestandteile, die – bis heute – Familienhelferinnen Orientierung geben. Jedoch – dabei blieb es. Es gab zwar noch eine empirisch-quantitative DJI-Studie zur SPFH in Bayern (Blüml et al. 1994); seitdem haben sich jedoch nur vereinzelte kleinere Studien mit den Anforderungen bzw. Problembereichen der SPFH beschäftigt. Dies erfolgte fast ausschließlich mittels qualitativer Verfahren wie Fallstudien (vgl. Schuster 1997; Woog 1997) oder teilstandardisierter Interviews mit Familien, Fachkräften und/oder Einrichtungsleitungskräften (Weber 2001; Petko 2004; Beckmann et al. 2006; 2007; Fröhlich-Gildhoff et al. 2006; Frindt 2006; Wolf 2006; Hofer/Lienhart 2008; Freigang et al. 2008; Frindt/Wolf 2009), des Weiteren wurden Akten ausgewertet (Hofer/Lienhart 2008; Frindt/Wolf 2009). Es fehlte jedoch – wie Frindt bereits 2009 kritisch anmerkte – an Nachweisen über die Wirksamkeit der SPFH sowie anderer aufsuchender Erziehungshilfen. Diese Forschungslücke besteht bis heute.

Aus einzelnen Modellprojekten ließen sich wichtige Hinweise für die Weiterentwicklung der ambulanten Hilfen ableiten, z.B. die hohe Bedeutung der Beziehungsgestaltung zwischen Familienhelferinnen und Familien, die Notwendigkeit einer guten Qualifikation der Fachkräfte und damit verbunden ein fundiertes Handlungsrepertoire, eine gewisse Berufserfahrung (von mehr als drei Jahren) und Supervision durch eine/n familientherapeutisch qualifizierte/n Supervisor/in (vgl. u.a. DJI 1997). Kennzeichnend für die Praxis der aufsuchenden Erziehungshilfen ist jedoch, dass offensichtlich nur HzE-Träger mit einer systemischen Ausrichtung bzw. mit einer systemisch weitergebildeten Mitarbeiterschaft (in der Studie von Frindt/Wolf [2009] verfügte ein Drittel der Familienhelferinnen über eine systemische Weiterbildung) einige der o.g. Erfolgskomponenten in ihre Arbeit mit Familien integriert haben.

Obwohl diese Erfolgskomponenten bekannt sind, finden diese in den Beauftragungen vieler Jugendämter sowie in der praktischen Arbeit einer Vielzahl von HzE-Trägern weiterhin keinen nennenswerten Niederschlag. In der Mehrzahl ist deren Ausrichtung weiterhin (oder wieder) von kompensatorischen Hilfeangeboten bestimmt. Diese seit über 30 Jahren bestehende Tendenz trug u.a. zu einem Stillstand in der SPFH bei.

Die SPFH stagniert allerdings nicht nur seit Langem, sondern befindet sich m.E. sowohl in Bezug auf Qualität als auch im Konzeptionellem seit 12–15 Jahren in einer Abwärtsspirale. Mehr noch als in den 1980er-Jahren können sich heutzutage zahlreiche Auftraggeber, d.h. die Jugendämter, anscheinend gar nichts mehr außer der Kompensation von Defiziten in den Familien vorstellen. Der damit einhergehende Qualitätsverlust ist erkennbar in der konkreten Arbeit von Jugendamtssozialarbeiterinnen, die angesichts ihrer extrem hohen Arbeitsbelastungen keinerlei eigene Beratungsarbeit mehr leisten können und somit gar nicht wissen, was in belasteten Familien leist- und machbar wäre. Dieser Verlust ist aber auch offenkundig in den Anforderungen an Qualität und Leistung, die die Jugendämter von ihren HzE-Trägern einfordern.

SPFH hat sich – außer in Bezug auf eine systemisch orientierte Arbeit – m.E. weder theoretisch noch konzeptionell damit auseinandergesetzt, wodurch sie Veränderungen in den Familien erreichen will und kann. Es stellt sich die Frage, ob man in der SPFH davon ausgeht, durch Unterstützung und Hilfestellung im Alltag, im Haushalt, bei Behördengängen, Schulaufgabenbetreuung zu erreichen, dass Eltern diese Aufgaben (wieder) nach einer Beendigung der Familienhilfe übernehmen können. Denkt man, dass an die Einsicht appellierende Gespräche dazu beitragen, dass Eltern doch noch ihre Erziehungskompetenzen zeigen?

Es gab und gibt viel Gutwilligkeit in der Arbeit mit hochbelasteten Familien und sicherlich auch Erfolge. Es gab und gibt allerdings auch sehr viele frustrierte, sehr qualifizierte Familienhelferinnen. Sie erlebten immer wieder, wie eine kompensatorische Arbeit letztlich nicht zu Veränderungen in den Familiensystemen führte, dass es immer wieder zu „Rückfällen“ kam und der einen Familienhilfe die nächste folgte, die wieder von vorn begann (zu einer systemischen Betrachtung sogenannter „Rückfälle“ siehe Simon/ Weber 1992). An einem geeigneten Konzept für die Arbeit mit hochbelasteten Familien Interessierte stießen auf die Aufsuchende Familientherapie (Home Based Family Therapy) (Conen 2002).

4. Der Boom der Aufsuchenden Familientherapie

Als 1992 in einer ersten Leistungsvereinbarung zur SPFH der Berliner Senatsjugendverwaltung u.a. „Alkoholprobleme“ eines Elternteils sowie „mangelnde Kooperationsbereitschaft“ der Eltern als Ausschlusskriterien aufgeführt wurden, zog ich aus Enttäuschung darüber ein schon länger formuliertes und mit einigen Kolleginnen „undercover“ erprobtes Konzept „aus der Tasche“. Dieses Konzept (Conen 1999a;1999b; 2002) stieß sowohl bei dem zuständigen

Jugendamtsdirektor als auch bei der Leitung des Allgemeinen Sozialdienstes (ASD) auf großes Interesse.

Bevor auf einige der wesentlichen Grundbestandteile der AFT eingegangen wird, ist es notwendig, konzeptionell zu verstehen, warum aufsuchend gearbeitet wird: Menschen, die keine Hoffnung auf Veränderungen haben, suchen logischerweise keine Hilfeangebote auf. Sie ziehen sich im Allgemeinen resignativ zurück und können sich nicht vorstellen, dass ihnen positive Veränderungen möglich sind. Angesichts der oftmals schwierigen Situation betroffener Kinder, ist es jedoch Aufgabe der Jugendhilfe, dennoch Wege für eine Zusammenarbeit zu finden und zu Veränderungen zu ermutigen. Daraus ergibt sich, dass die Fachkräfte die Familien in ihren Räumlichkeiten aufsuchen: „Wer keine Hoffnung hat, den sucht man auf!“ Aus dieser Grundannahme heraus ergeben sich sowohl eine Vielzahl methodischer Vorgehensweisen als auch ein spezifisches Verständnis für Ursachen und Problemlösungen.

AFT basiert auf folgenden Grundüberlegungen:

- Familien haben immer Ressourcen, um ihre Probleme selbst zu lösen. Es gibt nur Gründe, warum sie diese derzeit/seit einiger Zeit nicht nutzen können (Ressourcenorientierung).

- Familien, die nicht motiviert erscheinen, sind motiviert, wenn auch nicht unbedingt für die Veränderungsaufforderungen, die andere an sie richten (Conen/Cecchin 2007).

- Eltern tun das ihnen Bestmögliche für ihre Kinder – das mag nicht immer das Beste für die Kinder sein.

- Kinder sind stets loyal zu ihren Eltern, Eltern jedoch nicht unbedingt loyal gegenüber ihren Kindern, aber alle Eltern sind auch Kinder von Eltern (Boszormenyi-Nagy/Spark 1981).

- Eltern folgen in ihrem Erziehungsverhalten gegebenenfalls einer destruktiven Loyalität gegenüber ihren eigenen Eltern und tragen somit zum Scheitern eigener Erziehungsbemühungen oder zur Wiederholung von mehrgenerationalen Mustern bei.

- Die aktive Einbeziehung der Kinder ist fester Bestandteil der AFT, denn es gilt bereits während der Gespräche bestehende – vor allem dysfunktionale – Muster konkret und unmittelbar zu verändern (Cecchin/Conen 2008).

- Störungen im Ablauf von Gesprächen werden respektiert, d.h., wenn Kinder unruhig sind, wenn sie nicht den Eltern „folgen", wenn Chaos im Wohnzimmer herrscht, wenn Nachbar/innen ungebeten dabei sind u.Ä.m., werden diese aufgegriffen. Sie sind Teil der Arbeit und werden als hilfreich betrachtet, da sie Anlass bieten für Interventionen vor Ort.

- Einsicht in die Notwendigkeit von Veränderungen ist nicht notwendig, um sich zu verändern (Cecchin et al. 1993).

- Die Aufsuchenden Familientherapeutinnen arbeiten in jedem Familiengespräch zu zweit (Co-Therapie; ausführlich Conen 2002). Dadurch ist es ihnen möglich, sich sowohl der Sogwirkung und den Dynamiken in den Familien zu entziehen und diese entsprechend aufzugreifen, als auch unterschiedliche, oftmals konträre Positionen gegenüber einzelnen Familienmitgliedern einzunehmen (z.B. die eine mehr skeptisch und fordernd und die andere mehr unterstützend und wohlgesonnen).

- Im Reflecting Team tauschen sich die beiden Aufsuchenden Familientherapeutinnen *vor* der Familie aus. Ausgangspunkt ist die Überlegung, dass die Familienmitglieder sowieso Phantasien über die Gedanken der Familientherapeutinnen haben und dass deren Reflexionen Anregungen für weitere Gedanken bei den Familienmitgliedern geben können.

- In Krisen sind Familien, vor allem die Eltern, eher in der Lage, Veränderungen vorzunehmen. Daher werden insbesondere Krisen genutzt bzw. bilden Krisen eine äußerst wichtige Voraussetzung, um in relativ *kurzer* Zeit mit den Familien Veränderungen zu entwickeln.

- Es gibt keine Kriterien an sich, um Familien von dieser Hilfeform auszuschließen. Einziges Kriterium ist, dass die jeweiligen Aufsuchenden Familientherapeutinnen Ansatzpunkte für die Arbeit mit der jeweiligen Familie sehen.

- AFT arbeitet auch und insbesondere mit Familien, die zunächst keine Bereitschaft für eine Zusammenarbeit zeigen, denen jedoch diese Hilfe aufgrund ihrer Probleme oftmals mit Nachdruck nahegelegt oder sogar per Gericht aufgezwungen wird.

- Aufsuchende Familientherapeutinnen suchen so viel Kooperation wie möglich mit den Institutionen, die auf das Leben der Familie, insbesondere der Kinder, Einfluss nehmen. Denn es gilt die bisherigen Sichtweisen von Institutionen wie Schule, Kindergarten und vor allem Jugendamt zu öffnen für positive Veränderungen bzw. Veränderungsmöglichkeiten insbesondere der Kinder.

- AFT arbeitet in Phasen: Auftragsklärungsphase und Ressourcenorientierung, Problemlösungs- und Veränderungsphase sowie Stabilisierungsphase (ausführlich Conen 2002).

- Die Dauer war ursprünglich auf sechs Monate bzw. 26 Therapieeinheiten begrenzt (Näheres unter 6.6).

- Für AFT war die Evaluation anhand wissenschaftlich erprobter Verfahren Grundbestandteil.

Diese Grundpfeiler der AFT fanden und finden großen Zuspruch und wurden Quelle für eine sich bundesweit etablierende Praxis der AFT.

5. Aufsuchende Familientherapie im Leistungskanon der Jugendhilfe

Diese Art der Arbeit mit sogenannten „Multiproblemfamilien" entsprach dem Selbstverständnis der immer größer werdenden Zahl mehrjährig systemisch/familientherapeutisch weitergebildeter Sozialpädagoginnen und Sozialarbeiterinnen. Sie verfügten über methodische Kenntnisse, die ihnen Arbeitsweisen eröffneten, auch mit hochkomplexen Familiensystemen veränderungsorientiert zu arbeiten.

Zum Konzept der AFT gehört auch eine systemische Betrachtung sogenannter „Rückfälle", die insbesondere kurz vor Abschluss auftreten können. Wie in einer Art „Testung" durch einzelne Familienmitglieder kann es zu einer „Verführung" hin zu einer pessimistischen und skeptischen Haltung kommen. In dieser Phase ist es unbedingt notwendig, auf diese Testungen mit Zutrauen in die neu entdeckten Ressourcen und Stärken zu antworten. Aufsuchende Familientherapeutinnen zeigen ein Fallverständnis, das ganz andere Schwerpunkte in der Arbeit erfordert, mit denen Veränderungspotenziale bei den Familien gefördert und genutzt werden.

Während die ersten „Jahrgänge" Aufsuchender Familientherapeutinnen oftmals AFT inoffiziell und sozusagen „undercover" durchführten, wuchs ihr Wille, diese Arbeit auch in den Leistungskatalogen ihrer Jugendämter wiederzufinden. Dabei war es hilfreich, dass manche SGB-VIII-Kommentare (vgl. u.a. Wiesner 2011) auf die Möglichkeit der AFT unter § 27 Abs. 3 SGB VIII hinwiesen und richtungsweisende Publikationen erschienen (u.a. Conen 1999a; 1999b; 2002). Auch der Austausch in einer Fachgruppe „Aufsuchende Familientherapie" der Deutschen Gesellschaft für Systemische Therapie, Beratung und Familientherapie (DGSF) sowie Fortbildungen wurden rege aufgegriffen. 2009 wurden „Qualitätskriterien zur Praxis der Aufsuchenden Familientherapie" der DGSF entwickelt und verabschiedet. Jedoch war zu diesem Zeitpunkt bereits eine sowohl regional als auch methodisch stark ausgeprägte Heterogenität in der konkreten Durchführung sichtbar. Es galten nur noch partielle gemeinsame Eckpunkte – auch wenn sich letztlich (fast) alle weiterhin auf mein Berliner Konzept bezogen.

AFT hatte von Beginn an erhebliche Kämpfe zu bewältigen, um ihren Platz im Leistungskatalog ambulanter Erziehungshilfemaßnahmen zu behaupten. In ihrer Arbeitsweise stellte sie eine Kritik der bisherigen Hilfeangebote für Familien dar. Jugendamtssozialarbeiterinnen, die ein qualifiziertes Angebot für die von ihnen betreuten Familien suchten, fanden bei den vorhandenen Fachdiensten und Einrichtungen keine oder zu wenig Bereitschaft, mit dieser Art von Klientel familienbezogen zu arbeiten. So behaupteten die Fachdienste, diese Familien seien nicht motiviert und daher sei es nicht möglich, mit ihnen zu arbeiten (Conen/Cecchin 2007). Druck auszuüben, damit man an einem Tisch zusammenkommen konnte, wurde als unethisch abgelehnt. Abschottung unter Bezugnahme auf Datenschutz verhinderte jede Art von Rückkoppelung und Kooperation mit den Jugendämtern.

AFT wurde von Leitungskräften, aber auch von Mitarbeiterinnen in der Steuerung der Jugendämter mit erheblicher Skepsis betrachtet (Conen 2006). Ihre Bedenken lagen u.a. in einer grundsätzlichen Ablehnung „therapeutischer" Angebote begründet, die man nicht als Teil der Jugendhilfeangebote sehen wollte. Der Fokus auf politisch-gesellschaftlicher Bedingtheit von Armut stand und steht für sie im Widerspruch zu therapeutischen Hilfestellungen. Sie kritisieren zu Recht die damit verbundene Individualisierung der Not und des Elends sogenannter „Multiproblemfamilien" und halten gesellschaftliche und politische Veränderungen für dringlicher. Dem ist m.E. nur zuzustimmen. Die Kritik an „therapeutischen Hilfen", dass sie auf individuelle Weise gesellschaftlich bedingte Probleme zu „lösen" versucht, lässt jedoch außen vor, dass es gerade der Anspruch der AFT ist, den Familien aus den gesellschaftlich bedingten Ausgrenzungs-, Diskriminierungs- und Depotenzierungserfahrungen hinauszuhelfen und die Eltern zu unterstützen, ihre Kinder (wieder) ihren eigenen Ansprüchen entsprechend aufzuziehen. Gerade diese Familien sollten die qualifizierteste Hilfe erhalten.

Mancher Träger der AFT sucht eine – vermeintlich einfachere – Finanzierungsgrundlage im § 35a des SGB VIII, der die Eingliederungshilfe für seelisch behinderte Kinder und Jugendliche regelt. Damit bestätigt er die Annahme dieser Kritiker/innen, dass derartige Hilfen zur weiteren Stigmatisierung und Ausgrenzung der Familien beitragen. Allein aus diesem Grunde war es mir immer ein Anliegen, die Finanzierung in § 27 Abs. 3 SGB VIII und nicht im § 35a SGB VIII zu suchen.

6. Kritische Entwicklungen in der Aufsuchenden Familientherapie

Seit einer Reihe von Jahren mehren sich Berichte aus Kommunen, in denen sich die Rahmenbedingungen für die AFT so gravierend verschlechtert haben, dass sie nicht mehr angeboten werden. Es hält sich nicht nur die Mär, dass AFT teuer sei, sondern auch die Idee, dass bestimmte „Ausstattungsmerkmale" ohne Weiteres entfernt werden können, ohne dabei das Grundgerüst dieses Arbeitsansatzes zu gefährden.

In Berlin sind die ursprünglich einmal wöchentlich sieben Stunden, dann fünfeinhalb Stunden pro Familientherapeutin inzwischen auf 3,4 Stunden pro Therapeutin reduziert worden. Darüber hinaus wurden die ursprünglichen insgesamt 290 Stunden für beide Familientherapeutinnen auf 180 Stunden reduziert. Bei einer Dauer von zwölf Monaten sind dies 7,5 Stunden pro Monat oder 3,4 Stunden wöchentlich bei einer Laufzeit von sechs Monaten. Das ist nicht nur eine massive Reduzierung der Stunden an sich, sondern stellt auch einen drastischen Eingriff in das Konzept dar.

Bei der AFT handelt es sich um einen Arbeitsansatz, der mit Familien vor allem in Krisensituationen arbeitet. Der Krisenarbeitsansatz ist *die* zentrale Grundlage der AFT. In akuten Krisensituationen wird die Intensität des Problemdrucks genutzt, um konkrete, als notwendig erachtete Veränderungen zu unterstützen. In solchen Situationen ist es möglich, bisherige Einstellungen, Selbstbilder und Handlungsmuster zu verstören und neue Impulse auszulösen. Der ursprüngliche Ansatz in den USA erforderte, dass die Familientherapeutinnen innerhalb von 24 Stunden mit der Arbeit in den Familien begannen; ein solches Vorgehen war aufgrund der bürokratischen Hilfeplangestaltung in Deutschland bereits von Anfang erschwert.

Eine krisenbezogene Arbeit bringt es mit sich, dass in den Krisenphasen höchst intensiv mit der Familie gearbeitet wird und daher eben nicht nur ein Familiengespräch pro Woche stattfinden kann, sondern mehrere Gespräche notwendig sind. Hinzu kommt der Anspruch, die Sichtweisen der beteiligten Systeme, von der Herkunftsfamilie bis hin zu den Lehrkräften an den Schulen der Kinder zu beeinflussen, wenn Veränderungen nachhaltig bleiben sollen. Es handelt sich also nicht um gelegentliche Termine, an denen sich die Beteiligten austauschen und abstimmen.

AFT wird seit einer Reihe von Jahren nicht mehr als Arbeit in und mit Krisen verstanden. Dieses Verständnis ist regelrecht verloren gegangen. Ein Krisenansatz hat Auswirkungen auf die zeitliche Gestaltung, die den derzeit tätigen Familientherapeutinnen in der Regel nicht klar sind. Eine Arbeit ohne aktuelle Krise bringt eine längere Gesamtdauer mit sich, da es notwendig ist, bestehende „Krisenverkrustungen" erst bearbeitbar werden zu lassen.

Die Intensität dieser Arbeit sowie die Bestrebungen von Familiensystemen, Außenstehende in ihre Dynamik zu absorbieren, erfordert eine ständige Reflexion der Prozesse und den Austausch über das weitere Vorgehen. Im ursprünglichen Konzept war daher u.a. eine wöchentliche Supervision von 15 Minuten pro Fall vorgesehen sowie eine Vor- und Nachbereitung jedes Gesprächs eingeplant. Nur aufgrund dieser intensiven Begleitung ist es möglich, nicht in die Fallstricke zu geraten, die die Veränderungsprozesse verlangsamen, und stringent in jeder Arbeitsphase auf die Ressourcen und Fähigkeiten der einzelnen Familienmitglieder zu fokussieren. Entfallen zeitliche Kontingente für Reflexionen und Austausch, ist in einer so kurzen Gesamtarbeitszeit mit den Familien nicht das zu erreichen, was AFT verspricht. Die im Rahmen der Neuen Steuerung eingeführte Kostenleistungsrechnung (KLR) mit ihrer Median-Berechnung wirkte sich fatal aus, denn der automatisch sinkende Median führte letztlich dazu, dass Jugendämter immer weniger finanzielle Mittel für diese Arbeit zur Verfügung stellen konnten.

Es brauchte sehr viel Verhandlungsgeschick um diese *pädagogisch*-therapeutische Familienarbeit nach § 27 Abs. 3 SGB VIII nicht nur Psychologinnen, sondern auch Sozialpädagoginnen und Sozialarbeiterinnen zu ermöglichen. Deren kontextbezogene Denkweise ist unabdingbar notwendig, will man mit sogenannten „Multiproblemfamilien" arbeiten. Sozialpädagoginnen und Sozialarbeiterinnen bringen diese „pädagogische Komponente" qua beruflichem Selbstverständnis ein.

In Bezug auf methodisches Repertoire sind Kenntnisse in struktureller Familientherapie (Minuchin 1977) unabdingbar. Diese geht u. a.von folgenden Prämissen aus:

- Gutes Funktionieren der Familie ist durch die Übereinstimmung der Familienstruktur mit ihrer Aufgabe gegeben.

- Familienmitglieder beziehen sich aufeinander in Mustern, die beobachtbar sind.

- Eine Verbesserung der Subsystem-Grenzen verbessert das Funktionieren der Subsysteme.

- Konflikte werden nicht vermieden, sondern genutzt für Veränderungen.

- Problemsituationen während der Familiengespräche werden im Hier und Jetzt aufgegriffen und sind Teil der Arbeit; sie haben somit einen „Erprobungseffekt" über die Familiengespräche hinaus.

- An den Gesprächen nehmen so viele Familienmitglieder wie möglich teil; die Familiengespräche werden so geführt, dass die Kinder sich altersangemessen einbezogen fühlen.

Im Folgenden werden kritische Entwicklungen dargestellt, die sich in der AFT seit geraumer Zeit abzeichnen.

6.1 „Multiproblemfamilien" nicht mehr im Fokus

AFT ist gedacht für arme, hochbelastete Familien, die aufgrund ihrer komplexen Probleme eine qualifiziertere Hilfe erfahren sollen (und müssen), als dies z.B. durch eine kompensatorische SPFH möglich wäre. Die tiefe Resignation und Hoffnungslosigkeit dieser Familien wird mit einem *Aufsuchen* seitens des Helfersystems beantwortet. Die Fachkräfte bewegen sich in Lebensumständen, die sie im Allgemeinen nicht selbst kennen und privat vielleicht eher meiden würden: Gegebenenfalls riecht es unangenehm, die Vorstellungen von Sauberkeit sind unterschiedlich, Sprache und Ausdrucksweise stehen im Kontrast zu eigenen Ansprüchen, die Distanz hinter einem Schreibtisch sitzend ist nicht gegeben, die Wohnung der Familie ist ein fremdes Territorium, fremde Personen können unerwartet anwesend sein. Es gibt Störungen durch Mediengebrauch, Tiere, klingelnde Nachbar/innen usw. Die Konfrontation mit anderen Lebensweisen kann nicht nur verunsichernd wirken, sondern auch deutlich Einfluss haben auf Einschätzungen zu möglichen Grenzen dieser Arbeit. Die Familientherapeutinnen zeichnen sich durch ein hohes Engagement in ihrer Arbeit mit diesen Familien aus. Ihre Begleitung von Familien in den verschiedenen fordernden Phasen zeigt nicht nur ihnen, dass positive Veränderungen möglich sind, sondern auch, dass die Familien ganz andere Erfahrungen mit sich selbst erleben können, die sie wieder mit ihren Fähigkeiten und Ressourcen in Verbindung bringen.

Allerdings ist seit einer Reihe von Jahren zu beobachten, dass Aufsuchende Familientherapeutinnen nicht mit armen, hochbelasteten Familien arbeiten, sondern mit Mittelschichtsfamilien, in denen es eben nicht riecht, die diszipliniert Gespräche führen können, sich kooperativ zeigen und mit denen vermeintlich einfacher zu arbeiten ist. Sicherlich bestehen auch Probleme in Mittelschichtsfamilien, wozu auch Erziehungsschwierigkeiten der Eltern oder Verhaltensauffälligkeiten der Kinder gehören. Jedoch sind diese Eltern und ihre Kinder im Allgemeinen in der Lage, eine Institution aufzusuchen. Sie sind nicht so resigniert, dass sie Hilfeangebote nicht aufgreifen könnten. Sie sind in der Lage ihren beruflichen Anforderungen weitgehend nachzukommen, einen regelhaften Alltag zu führen und haben allgemein akzeptierte Erziehungsvorstellungen.

Befragt, warum dennoch bei solchen Familien eine AFT durchgeführt wird, wird wie folgt argumentiert: Die regionale Erziehungsberatungsstelle konnte bisher nicht helfen, das Jugendamt habe die Einschätzung, dass es sich bei dieser Familie noch lohnen würde, in eine solche Hilfe zu investieren, die Aufsuchenden Familientherapeutinnen arbeiten qualifizierter, sie wissen mit dieser Problematik besser umzugehen, die Eltern haben Arbeitszeiten, die es ihnen nicht ermöglichen, eine Beratungsstelle aufzusuchen u.Ä.m.

Angesichts der überall unzureichenden finanziellen Mittel und der hohen Kosten, die Fremdplatzierungen von Kindern aus hochbelasteten Familien verursachen, müsste es am dringendsten sein, insbesondere mit diesen Familien an Veränderungen in ihrem Familiensystem zu arbeiten. Gelingt es nicht, die oftmals jungen Mütter so zu unterstützen, dass sie nicht in mehrgenerationalen Problemmustern haftend handeln, sondern ihr von geringem Selbstwert und resignativer Grundhaltung geprägtes Erziehungsverhalten sowie die Gestaltung ihrer Partnerschaften in Richtung einer gelingenderen Lebensweise zu beeinflussen, werden die (noch kommenden) Kinder ein Leben lang davon geprägt sein und ein weiteres Erwachsenenleben wird gegebenenfalls „scheitern". Dieses Scheitern ist auch mit hohen finanziellen und gesellschaftlichen Kosten verbunden, sodass schon aus diesen Gründen Jugendämter daran interessiert sein müssten, insbesondere hochbelastete Familien so zu stabilisieren, dass die Eltern in ausreichender Weise ihren Erziehungsaufgaben gerecht werden können.

6.2 Mangelhafte Einbeziehung der Kinder

Ein weiterer kritischer Punkt besteht darin, dass Kinder immer weniger in die Arbeit einbezogen werden. Bei der AFT handelt es sich um *Familien*therapie, d.h. alle Familienmitglieder werden nicht nur als Teil der Probleme, sondern auch als Teil der Lösungen betrachtet. Zunehmend führen jedoch Aufsuchende Familientherapeutinnen Gespräche mit Eltern und Kindern getrennt, sehen also die Familie nicht zusammen. Dabei spielen so simple Gründe eine Rolle wie die, dass die Kinder bei den Gesprächen störten und es daher besser sei, wenn man Eltern und Kinder getrennt sähe. Diese Argumentation lässt folgende Aspekte außen vor:

- Kinder vor Ort legen direkt und unmittelbar die Probleme „auf den Tisch", d.h. die Familientherapeutinnen können mit dem arbeiten, was gerade geschieht, und nicht anhand von „berichteten Problemen".

- Eltern und Kinder erfahren fortlaufend, was ihre Probleme sind und was sie tun können, um diese zu lösen; sie erproben mögliche neue Muster.

- Eltern und Kinder erfahren sogleich gegenseitige Rückmeldungen beim Erproben.

- Die Gespräche mit den Familientherapeutinnen sind kein „Trockenschwimmen", sondern ermöglichen ein unmittelbares Handeln.

- Kinder verfügen über ein starkes Sensorium für den Stand der Dinge; sie signalisieren mit einem Aufrechterhalten von Problemen, dass weitere Änderungen notwendig sind.

- Die Funktion von Störungen: Kinder zeigen durch ihre Unruhe, „Verstimmung", Auffälligkeiten, dass gerade besprochene Themen gegebenenfalls „heiß" sind.

Eine Co-Arbeit zu zweit, die nicht für Familiengespräche genutzt wird, übersieht den immensen Gewinn davon, wenn alle zusammen miteinander sprechen. Oftmals werden keine gemeinsamen Familiengespräche angestrebt, weil die Familientherapeutinnen sich nicht zutrauen, kompetent mit dem „Familiengewusele" umzugehen. Hierzu sei angemerkt, dass eine getrennte Arbeit überhaupt nicht dem Ansatz einer *Familien*therapie entspricht. Gemeinsame Familiengespräche sind als Begründung wesenhaft, um überhaupt die Finanzierung von zwei Familientherapeutinnen zu rechtfertigen.

Das Konzept der AFT geht davon aus, dass die aktive Teilnahme der Kinder an den Familiengesprächen elementar für den Erfolg der Arbeit ist. Eltern mögen gegebenenfalls hin zu Themen ausweichen, die ablenken und vermeintlich „leichter" sind. Dazu können auch Problemthemen gehören, die auf den ersten Blick eher „schwerer" sind, z.B. Partnerprobleme. Denn solche Themen können in ihrer scheinbaren „Unlösbarkeit" ablenken von den konkreten Anforderungen im Umgang mit bestehenden Erziehungsproblemen. Natürlich gibt es Themen der Eltern, die nicht für die Ohren der Kinder bestimmt sind. Dazu gehören sicherlich Sexualprobleme der Partner/innen, aber auch finanzielle Schwierigkeiten. Der Austausch über solche Dinge in Elterngesprächen ist natürlich nicht grundsätzlich ausgeschlossen.

Die Kinder nicht zu den Gesprächen hinzuziehen, liegt mittlerweile auch darin begründet, dass Aufsuchende Familientherapeutinnen Familiengespräche nicht führen *können*. Sie haben es in ihren Weiterbildungen nicht gelernt bzw. nicht geübt und fühlen sich rasch überfordert. Ein weiterer Grund liegt gelegentlich auch darin, dass die Zusammenarbeit zwischen den beiden Co-Therapeutinnen ansonsten konflikthaft wäre. Sie scheuen Familiengespräche, weil sie befürchten – oder erfahren haben – die Gesprächs*führung* nicht einnehmen oder verlieren zu können. Denn es gehört schon eine gewisse Fertigkeit, Selbstbewusstsein, aber auch eine von Demut bestimmte Haltung dazu, relativ rasch die Kooperationsbereitschaft der einzelnen Familienmitglieder zu gewinnen und die „Erlaubnis" der Familien für das *Führen* der Gespräche zu erlangen.

Insbesondere die Kinder stellen bei der Etablierung dieser Führung eine äußerst wichtige Ressource dar. Wer gleich zu Beginn mit den Kindern den Kontakt gewinnbringend gestalten kann, findet über diese auch den Zugang zu den Eltern. Die Hinwendung zu den Kindern hilft nicht nur dabei, relativ natürlich ins Gespräch zu kommen, sondern sowohl die Kinder selbst als auch die Eltern erfahren zu lassen, dass die Familientherapeutinnen der Familie mit Respekt und Wohlwollen begegnen. Kinder sind immer wieder „Türöffner" auch in den weiteren Gesprächen. Auch aus formalen Gründen haben Kinder in der AFT ihren herausragenden Platz. Schwierigkeiten der Kinder sind vielfach Anlass für diese

Hilfe. Ihre Probleme und ihr Schutz in den Familien stehen im Mittelpunkt der Arbeitsaufträge der Kostenträger.

Eine engführende konstruktivistische Sicht mag ebenfalls zur Tendenz geführt haben, Familiengespräche zu vermeiden. In den „systemisch orientierten" Weiterbildungen fehlt zunehmend der Blick für die Kontexte und Lebenszusammenhänge der Betroffenen, einhergehend mit einer Verstärkung der Individuumszentrierung. Damit zusammen hängt auch der Fokus auf eine Diagnostik, die vermeintlich die Problemursachen intrinsisch in den Kindern oder Eltern sieht – und die Probleme nicht mehr als Teil der Problemlösungsversuche der gesamten Familie betrachtet. So werden (wieder) stärker Zuschreibungen in Form von Diagnosen herangezogen, um vermeintlich „psychische" Probleme einordnen und entsprechend „behandeln" zu können. Es scheint die wesentliche systemische Sichtweise „Problemverhalten ist Lösungsverhalten" verloren zu gehen. Zu dieser Diagnostikgläubigkeit (vgl. Cecchin/Conen 2008) unter systemisch Weitergebildeten hat sicherlich die „Kassenanerkennung" der systemischen Psychotherapie beigetragen, die es systemisch orientierten Psychotherapeutinnen abfordert, solche Diagnosen zu erstellen.

Zusammengefasst lässt sich sagen, dass häufig ein Gemisch vorliegt: Aufsuchende Familientherapeutinnen (und natürlich auch zahlreiche andere Fachkräfte!) trauen sich zum einen nicht (mehr) zu, Familiengespräche *führen* zu können, wissen aber auch gar nicht mehr um die Notwendigkeit und Bedeutung der Gespräche mit der gesamten Familie. Dennoch gilt es in der AFT weiterhin und *wieder* Gespräche mit der gesamten Familie zu führen, denn sonst müsste man ihre Bezeichnung „Familientherapie" ändern. Dies wiederum würde zu einem deutlichen Hinterfragen zumindest der Kostenträger führen, warum man dann noch die Arbeit zu zweit finanzieren sollte.

6.3 Fehlende Mehrgenerationenperspektive

Mit dem Mangel an Familiengesprächen geht auch eine Nichtberücksichtigung der Mehrgenerationenperspektive einher, die für AFT von ihrer ursprünglichen Konzeption her einen Grundanker darstellt. Ausgangspunkt ist die Überlegung, dass mehrgenerational Kommunikations-, Interaktions- und Problemlösungsmuster weitergegeben werden. Loyalitätsbindungen (Boszormenyi-Nagy/ Spark 1981), in denen sich Kinder stets gegenüber ihren Eltern befinden, können in einer destruktiven Tradierung fortbestehen, auch wenn es keine Kontakte (mehr) gibt. In einer Art innerem Dialog (vgl. Boscolo 1993) wirken Botschaften, Aufträge und Missionen der Eltern auf ihre Kinder und deren weitere Lebensgestaltung. Diese inneren Stimmen finden ihre Ursache in unbewussten oder auch bewussten Annahmen über sich selbst, die auf Aussagen oder Nichtgesagtem der Menschen basieren, die in den Jahren des Aufwachsens signifikant und wichtig waren bzw. sind. Wenn Eltern zu ihren Kindern sagen: „Das wirst du eh nicht schaffen", „Du wirst darin versagen", „Das kannst du doch eh nicht", „Du landest mal auf der Straße" u.Ä.m., hat dies fatale Auswirkungen auf den eigenen Selbstwert und das Zutrauen in ein gelingendes Leben. Dies trifft insbesondere zu, wenn diese Art von Aussagen aus einer großen Hilflosigkeit und einem eigenen mangelnden Selbstbewusstsein der Eltern resultieren.

AFT geht davon aus, dass die Familientherapeutinnen auf diese inneren Stimmen Einfluss nehmen und sie nicht nur hinterfragen. Sie wollen zu Wegen führen, um zum einen die Hintergründe solcher Aussagen zu sehen (z.B. starke Ablehnungsgefühle der Mutter gegenüber dem Expartner, ihre eigenen Ohnmachtsgefühle oder Hilflosigkeit) und zum anderen eine eigene, unabhängige Position dazu zu entwickeln. Wichtig ist es hierbei, überhaupt einen Zugang zu diesen Stimmen zu finden, denn die oftmals zu beobachtenden selbstdestruktiven Verhaltensweisen ändern sich meist nur, wenn es zu einem Wandel dieser inneren Überzeugungen und der Eigenwahrnehmung kommt. Erst dann werden die wesentlichen und zentralen Schritte vollzogen, um das eigene Leben und damit auch Familienleben seitens der Erwachsenen gelingender zu gestalten.

Ohne eine Bearbeitung der oftmals destruktiven Loyalitätsbindungen ist die AFT nicht in der Lage, die in einer relativ kurzen Zeit anvisierten grundlegenden Veränderungen zu entwickeln und zu stabilisieren. Denn die inneren Stimmen wirken weitaus intensiver weiter als kurzfristige Verhaltensänderungen, die eine Weile glücken. Dies wird vor allem deutlich, wenn in katamnestischen Betrachtungen die weitergehende Wirkung kurzzeitiger Veränderungen sich als nicht nachhaltig erweist.

6.4 Uneinheitliche Anforderungen an die Fachkräfte

AFT sollte von berufserfahrenen Fachkräften ausgeführt werden. Dies ist keine Arbeit, die sich Berufsanfängerinnen zutrauen sollten, auch wenn sie über die formalen Qualifikationen verfügen. Es bedarf weiterer Kompetenzen und Fähigkeiten, etwa:

- Erfahrung mit den Dynamiken in Familiengesprächen,
- Erfahrung mit den impliziten und sichtbaren Widerständen und dem Nichtveränderungswillen,
- Erfahrung mit einem breitgefächerten Methodenrepertoire,
- eine von Demut und Respekt geprägte Haltung gegenüber den Lebenserfahrungen und bisherigen Problemlösungsversuchen der Familien,

- ein gewisses eigenes „Standing“ und Selbstbewusstsein,
- den Willen zur Führung in Gesprächen gebündelt mit dem Wissen um deren schrittweise Erarbeitung,
- eine intensive Auseinandersetzung mit der eigenen Familiengeschichte, um bei „blinden Flecken“ besser gewappnet zu sein.

AFT als eine Art „Königsdisziplin“ in der Familienarbeit bedarf selbstverständlich auch formaler Qualifikationsstandards, die jedoch immer wieder nicht eingehalten werden. Die Qualifikationskriterien des Landes Berlin erfordern ein Hochschulstudium der Sozialpädagogik, der Sozialarbeit oder der Psychologie. Darüber hinaus ist eine mindestens dreijährige familientherapeutische bzw. systemtherapeutische Weiterbildung an einem von der DGSF oder der Systemischen Gesellschaft (SG) anerkannten Institut notwendig. Die DGSF- und SG-Qualitätskriterien entsprechen weitgehend diesen Anforderungen. Versuche, eine Art „Aufbaulehrgang“ als Zugangsvoraussetzung für diese Art hochkomplexer Familienarbeit zu etablieren, scheiterten fatalerweise.

6.5 Unzureichende Supervision

Zu den qualitätssichernden Bestandteilen der AFT gehört neben der co-therapeutischen Arbeit auch die regelmäßige Supervision. Denn nur mit einer solchen ständig die Dynamiken und Prozesse reflektierenden Betrachtung ist es m.E. möglich, das Versprechen überhaupt einzuhalten, in relativ kurzer Zeit grundlegend und wirksam an den bestehenden Familienproblemen zu arbeiten.

Die Notwendigkeit von Supervision wird vielfach bei HzE-Trägern und insbesondere bei den Kostenträgern nicht gesehen. Sie fällt im Allgemeinen dem Sparstift zum Opfer, obwohl allerorten die Bedeutung von Qualität betont wird. Die HzE-Träger zeigen nicht das notwendige Engagement und Rückgrat, um eine bessere Ausstattung mit Supervision zu erreichen. Aber auch das Feld „Supervision" hat bislang kaum Anstalten unternommen, einen Nachweis über ihre Wirksamkeit (vor allem bei fallbezogener Supervision) zu erbringen. Möglicherweise ist es – neben einer Art Gewöhnung, keine oder kaum Supervision zu erhalten, – für die Fachkräfte nicht (mehr) so wichtig, ausreichende Supervision zu erhalten, weil sie von ihrer eigenen Kompetenz so überzeugt sind, dass sie kollegiale Beratungen für ausreichend erachten. Oder sie wollen sich nicht mehr ohne Weiteres in Fallsupervisionen mit ihrer Arbeit zeigen, weil manche/r Supervisor/in unzureichend mit den Gruppendynamiken der Fallteams gearbeitet und zu negativen Erfahrungen bei den Supervisanden beigetragen hat.

Allerdings stellen auch die Jugendämter selbst ein Arbeitsfeld dar, in dem die Fortbildung und Supervision der eigenen Mitarbeiterinnen keine nennenswerte Bedeutung haben. Nüsken und Berg (2022) stellten fest, dass in den von ihnen untersuchten Jugendämtern der Durchschnittswert für Fort- und Weiterbildungen bei 412 € im Jahr und damit weit hinter anderen Bereichen liegt. Eigentlich erfordert die notwendige Fachlichkeit der Jugendamtssozialarbeiterinnen, fortlaufend „interventionsrelevante und dem Einzelfall angemessene Handlungsfähigkeit zu zeigen" (Nüsken/Berg 2022) und nach den „Regeln der Kunst" zu handeln. Die Weigerung der Jugendämter, den HzE-Trägern ausreichende Mittel für regelmäßige Supervision und auch Fortbildung zur Verfügung zu stellen, grenzt unter Umständen an eine zu beanstandende Rechtsverletzung (Meysen et al. 2022).

6.6 Probleme wegen der zeitlichen Begrenzung

Konzeptionell waren 26 Familientherapiesitzungen für eine AFT vorgesehen. Die zeitliche Begrenzung einer aufsuchenden Erziehungshilfe kam Anfang der 1990er-Jahre einer Revolution gleich, da man davon ausging, dass diese hochbelasteten Familien in der Regel in einer Art „Dauerabonnement" der Jugendhilfe erhalten blieben. Von der Überlegung auszugehen, dass auch bei diesen Familien einmal ein Leben „ohne Jugendamt" vorstellbar wäre, rief Kritik und Unglaube an das Konzept hervor. Doch hatte diese zeitliche Befristung eine wissenschaftlich fundierte Begründung.

Ergebnisse einer umfassenden US-Studie zur AFT zeigten, dass sich die entscheidenden positiven Effekte vor allem in der ersten Zeit entwickeln und keine wesentlichen weiteren Veränderungen zu beobachten sind, wenn die Arbeit über eine Dauer von 8–10 Monaten hinaus fortgeführt wird. Lindblad-Goldberg et al. (1998) zeigten in ihrer Auswertung von 602 Familien, dass bei einer AFT von länger als zwölf Monaten keine nennenswerten weiteren Veränderungen zu erkennen waren (es fanden regelmäßige Testungen der einzelnen Familienmitglieder mittels C-GAS [Children's Global Assessment] und FAD [Family Assessment Device] statt). Die durchschnittliche Dauer der AFT betrug 5,8 Monate. Von den 602 Familien erhielten nach Beendigung 210 eine weitere Hilfe, die bis zu weiteren zwölf Monaten dauerte. Bei 80 % der Familien, die eine weitere Hilfe erhielten, waren nach Aussagen der Familien die in der AFT behandelten Probleme voll oder zu großen Teilen zufriedenstellend gelöst. Die weitere Hilfe war notwendig geworden, weil neue Probleme nach Beendigung auftraten oder diese nicht Gegenstand der Familientherapie waren.

In den umfangreichen Forschungen von Russell Crane (2008) zur Wirksamkeit von Psychotherapie mit Einzelnen, Familientherapie und AFT zeigte sich, dass Familientherapie effizienter war als Einzeltherapie und AFT wirksamer als Familientherapie. Darüber hinaus zeigte sich, dass bei AFT die Folgekosten nach Beendigung am geringsten waren. Diese Ergebnisse werden in Deutschland weder in der Psychotherapie-Behandlung noch im Rahmen der Familientherapien nach § 27 Abs. 2 oder § 27 Abs. 3 SGB VIII berücksichtigt. Dabei sind gerade – laut Crane – die Folgekosten auch volkswirtschaftlich von enormer Bedeutung (Arbeitslosigkeit, Suchtprobleme, Inhaftierungen usw.). Bei einer anderen Studie (Crane et al. 2005) wurde 2,5 Jahre nach Beendigung der Therapie festgestellt, dass bei Einzeltherapie Folgekosten entstanden in Höhe von 16.260 US-$, bei Familientherapie 11.116 US-$ und bei AFT nur 1.622 US-$ in Form weiterer Hilfen wie Fremdunterbringungen.

Eine zeitliche Befristung von einerseits fünf bis acht Monaten beinhaltet jedoch in dem US-amerikanischen Modell[2] andererseits die Möglichkeit, die Dauer flexibel zu gestalten. Familien können in diesem Modell eine AFT von bis zu zwei Jahren erhalten. In den ersten Berliner Verhandlungen zur Implementierung der AFT wurde seitens der Jugendamtsleitung Skepsis geäußert im Hinblick auf eine flexible Dauer. Erfahrungen ließen darauf schließen, dass eine obere Stundenzahlhöhe regelhaft voll genutzt werden würde. Daher wurde der Kompromiss gefunden, dass je nach Konzept eine Zeit von sechs bis zwölf Monaten mit einem bestimmten Gesamtstundenumfang festgelegt wurde. Bedauerlicherweise führte dies in der Folge dazu, dass sich eine doch letztlich starre zeitliche Festlegung bundesweit durchsetzte, jedoch keinerlei Bezug mehr zu den ursprünglichen Begründungen genommen wurde.

---

2 Vor allem das Modell der PCGC (Philadelphia Child Guidance Clinic), dessen ehemaliger Leiter Salvador Minuchin Begründer der strukturellen Familientherapie war.

Diese allgemeine scharfe zeitliche Engführung ist jedoch nicht mehr gegeben angesichts des Mangels an ausreichender (wöchentlicher) Reflexion in Supervisionen und des ungenügenden Denkens in den Phasen der AFT, denen gemäß die Arbeitsschwerpunkte gestaltet werden. Auch werden Krisen nicht für einen raschen Einstieg in die problemaufrechterhaltenden Muster genutzt und viele Fachkräfte beziehen Kinder nur unzulänglich ein. Die zeitliche und stundenumfangsbezogene Limitierung ist vor allem nicht einzuhalten bei Rückführungen von Kindern aus Fremdplatzierung in die Herkunftsfamilie sowie in Fällen eines vermuteten oder offengelegten sexuellen Missbrauchs von Kindern in den Familien.

Rückführungen aus Fremdunterbringung

Vor allem Rückführungen aus Heimen und insbesondere aus Pflegefamilien erweisen sich als höchst problematisch. Die Einhaltung einer Begrenzung der AFT von sechs bis zwölf Monaten ist in diesen Fällen kaum möglich. Die Orientierung stationärer Jugendhilfeeinrichtungen am Kind erweist sich als Hindernis zum einen darin, dass viel zu wenig oder kaum eine auf Rückführung abzielende Elternarbeit durch die Heime selbst durchgeführt wird. Zum anderen ist im Allgemeinen deren Fokussierung auf die Probleme und Schwierigkeiten der Eltern mit einem mangelhaften Zutrauen in deren Ressourcen, Fähigkeiten und Stärken verbunden.

Es besteht deswegen die Tendenz, die betreuten Kinder vor den „schlimmen Eltern" zu schützen, anstatt ihre starken Loyalitätsbindungen zu berücksichtigen und die Eltern in ihrer hohen Bedeutung für die Kinder anzuerkennen und entsprechend – auch im Alltag – einzubeziehen. Aufsuchende Familientherapeutinnen müssen daher nicht nur die tiefen eigenen Zweifel der Eltern aufgreifen und deren Zutrauen in sich stärken, sondern auch bei den Einrichtungsmitarbeiterinnen oder Pflegeeltern (Kindler et al. 2011) nach Wegen suchen, damit diese die aufsuchende Arbeit mit den Kindern und Eltern unterstützen.

Doppelbödige Botschaften der Einrichtungsmitarbeiterinnen führen zu großer Verunsicherung bei den Kindern. Sie erspüren gleichzeitig wiederum sehr sensibel die in der Regel unbewusste Unsicherheit der Eltern. In diesem Zusammenhang „rollen" sie oftmals erneut ihre Probleme auf, um die Eltern durch das erneute Problemverhalten und den daraus resultierenden weiteren Verbleib im Heim zu entlasten. Diese sehr häufig auftretende Dynamik zwischen Eltern, Heim und Kind (vgl. Conen 1990b) wird im Allgemeinen weder von den Jugendämtern noch von den stationären Einrichtungen gesehen, geschweige denn in der Ausrichtung ihrer Arbeit berücksichtigt.

Eigentlich ist es unumgänglich, eine Rückführung während der Zeit vorzubereiten, in der das Kind noch fremduntergebracht ist. Dies schließt häufigere Besuche des Kindes in der Herkunftsfamilie ein, sodass auftretende Konflikte und Schwierigkeiten sogleich vor Ort und in vivo von den Aufsuchenden Familientherapeutinnen „bearbeitet" werden können. Ferner können in weiteren Gesprächen die immer wieder auftretenden Zweifel der Eltern an ihren Fähigkeiten mittels dieser Alltagserfahrungen vor allem im Hinblick auf destruktive Botschaften aus den eigenen Herkunftsfamilien hinterfragt und eine positivere Betrachtung der eigenen Person ermöglicht werden.

Für die Aufsuchenden Familientherapeutinnen erweist es sich angesichts der (strukturellen) Widerstände stationärer Einrichtungen meist als sinnvoller, erst dann mit der Rückführungsarbeit zu beginnen, wenn das Kind bereits in der Herkunftsfamilie eingetroffen ist. In solchen Fällen ist allerdings im Allgemeinen eine zeitlich recht intensive Arbeit notwendig, da der nun gemeinsame Alltag aufgrund beiderseits hoher Erwartungen äußerst konfliktanfällig ist. Rasch kommt es wegen Geringfügigem zu eskalierenden Konflikten, da sowohl Eltern als auch Kinder in ihrer Verunsicherung dazu neigen, in diesen Situationen die „Beziehungsfrage" zu stellen: „Willst Du mich wirklich hier haben?", „Willst Du wirklich, dass es mit uns gut geht?"

In dieser sehr fragilen Situation sollten Aufsuchende Familientherapeutinnen deutlich präsenter sein als bei anderen Problemlagen. Neben der „Rückenstärkung" aller Familienmitglieder bedarf es allerdings auch einer intensiven Arbeit mit den die Familie umgebenden Systemen, insbesondere Jugendamt, Schule und Kita, anderen Institutionen (wie Kinder- und Jugendpsychiatrie), aber auch der Herkunftsfamilie der Eltern. Denn es gilt deren Überzeugungen, Glaubenssätze und Skepsis so aufzugreifen, dass sie bereit sind, positive Veränderungen anzuerkennen.

Eine solche Rückführungsarbeit gelingt m.E. nicht in 26 Gesprächen und in so kurzer Dauer – vor allem, wenn die schnellen Konfliktabläufe nicht in Supervisionen zeitnah reflektiert werden können. Hier sind die Jugendämter gefragt, gemeinsam mit den HzE-Trägern immer wieder zu schauen, was notwendig ist, um die Rückführung stabil zu halten. Auf die bei einer erneuten Fremdunterbringung anfallenden hohen finanziellen Aufwendungen sollte dabei ein besonderes Augenmerk gerichtet werden. Allerdings sollten auch die immensen psychosozialen Kosten für die Kinder und die Eltern bzw. die weitere Familie berücksichtigt werden, wenn man nicht ausreichend Zeit und Arbeit in den (erneuten) Verbleib des Kindes in seiner Familie investiert.

Sexueller Missbrauch

Ein weiterer Bereich, in dem eine starre Zeit- und Umfangsfestlegung der AFT nicht angebracht ist, stellt die Arbeit mit Familien dar, in denen sexueller Missbrauch der Kinder entweder bereits offengelegt oder vermutet wird oder es strukturelle Hinweise auf eine Gefährdung der Kinder durch sexuellen Missbrauch gibt. Zu wenig wird in Deutschland auf die familialen Vulnerabilitätsfaktoren für sexuellen Missbrauch der Kinder geachtet. Einige Familienstrukturen und -dynamiken können bereits lange vor einem sexuellen Übergriff diese Gefahr in sich bergen. Fachkräfte sollten unbedingt über entsprechende Kenntnisse dieser Risikofaktoren verfügen, um ihnen in den Familien entgegenzuwirken. Als Risikofaktoren sind beispielhaft zu nennen die mangelnde Orientierung und Setzung von Grenzen der Eltern gegenüber den Kindern. In solchen Familien erfahren Kinder, dass die Eltern und vor allem die Mütter kein oder in geringem Umfang Ansprechpartner/innen für ihre Nöte sind.

Oftmals gehen diese Probleme mit eigenen Missbrauchserfahrungen der Mütter einher, die in ihrer traumatischen Wirkung dazu beitragen, das eigene Leben als nicht gestalt- und beeinflussbar zu erfahren. Die Arbeit mit missbrauchten Müttern stellt eine große Herausforderung auch für sehr berufserfahrene Fachkräfte dar, zeigen diese Mütter doch oft ein fatalistisches und resignatives, von Ohnmachtsgefühlen geprägtes Erziehungsverhalten. Dies bringt die Kinder dazu, diese Lebensbetrachtung ihrer wichtigsten Bezugspersonen durch Problemverhalten herauszufordern. Mit der tiefgehenden elterlichen Hoffnungslosigkeit verbunden sind häufig negative bis hin zu destruktiven Lebensaufträgen, die in ihrer Schwere nur in einem geduldigen und ausdauernden Arbeitsprozess in konstruktivere Bahnen geführt werden können.

Eine solche Arbeit benötigt Zeit – und die Bereitschaft, sich immer wieder auf sogenannte „Rückfälle", d.h. bereits überwunden geglaubtes Verhalten – einzustellen und weiter beharrlich an den (notwendigen) Veränderungen im Interesse der Kinder zu arbeiten. Voraussetzung für diese Art der Familienarbeit sind bei den Fachkräften die notwendigen Kenntnisse (Conen 1997) sowohl der Dynamiken von „Missbrauchsfamilien" als auch der Interventionsmöglichkeiten. Bedauerlicherweise sind entsprechende Konzepte wie das von Barrett (Trepper/Barrett 1991) wenig bekannt und werden daher nur von wenigen angewandt. Dieses konzeptionelle Defizit stellt ein weiteres Hindernis dar.

7. Qualität versus Rahmenbedingungen

Es ist davon auszugehen, dass in Deutschland ca. 30.000 bis 40.000 Sozialpädagoginnen, Sozialarbeiterinnen und Psychologinnen erfolgreich eine mindestens dreijährige Weiterbildung zur Familientherapeutin bzw. systemischen Therapeutin abgeschlossen haben.[3] Bis zu drei Viertel von ihnen sind vermutlich im Bereich der HzE tätig. Es ist davon auszugehen, dass viele HzE-Fachkräfte nicht nur über eine systemische Weiterbildung verfügen, sondern sich auch bemühen, ihre Kenntnisse in ihrer Arbeit anzuwenden. Zahlreiche HzE-Träger fordern sogar eine mehrjährige systemische Weiterbildung als Einstellungsvoraussetzung.

Diese Fachkräfte erfahren in ihrer „neuen" Familienarbeit, in welchem Maße sich diese maßgeblich unterscheidet von ihrer Arbeit *vor* ihrer Weiterbildung. Sie erkennen die Veränderungspotenziale

3 Diese Angabe basiert auf meiner Hochrechnung der Anzahl der jährlichen Absolventinnen der anerkannten systemischen Weiterbildungsinstitute seit 1990.

in den Familien und wie sehr ihre Zusatzqualifizierung dazu beiträgt, diese zu nutzen. Trotz der hohen Anforderungen an ihre aufsuchende Arbeit berichten sie über ihr großes Interesse und ihre Freude an dieser, nun neue Zugänge eröffnenden Arbeit –„wenn da nicht die Rahmenbedingungen wären …": Vielfach müssen sie erleben, dass ihre Zusatzqualifikation entweder zwar gewünscht, aber nicht entsprechend finanziell honoriert wird oder ihre Qualifikation ignoriert und von ihnen eine Arbeit abverlangt wird, die konzeptionell und inhaltlich nicht ihrem systemischen Selbstverständnis entspricht. Die vereinbarten Fachleistungsstundensätze (FLS) orientieren sich weder an der zu erwartenden Tätigkeit noch an den Schwierigkeiten des Falles (Freigang et al. 2008). Es wird nicht die Frage gestellt: Was braucht es, um die Hilfeplanziele zu erreichen?

Obwohl sie ein Herz, ja sogar eine Leidenschaft für Familienarbeit haben, überlegen viele Fachkräfte, das Arbeitsfeld zu wechseln, wenn weitere Verschlechterungen hinzukommen. Zu diesen gehören leider, meist mit immer mehr Familien pro Woche mit weniger Stunden pro Fall arbeiten zu müssen, Entgelte, die häufig nicht dem TVÖD entsprechen, trotz immens gestiegener Problematiken in den Familien keine ausreichende Supervision zu erhalten und keine Fahrwege bezahlt bekommen. So mancher Arbeitsvertrag sieht sogar als Einstellungsvoraussetzung das Einbringen eines eigenen PKW vor, dessen Nutzung aber – außer der Erstattung der Benzinkosten – in keiner Weise refinanziert wird. Vor allem die mangelnde Refinanzierung von Wegezeiten stellt ein großes Ärgernis dar. Kein Handwerker würde einen Auftrag übernehmen, wenn seine Wegezeiten nicht bezahlt würden.

Von den gesetzlich vorgegebenen Arbeitszeitsregelungen her ist der Anstellungsträger eigentlich verpflichtet, Wegezeiten als Arbeitszeiten anzurechnen, dennoch weigern sich weiterhin zahlreiche Jugendämter, diese Kosten anzuerkennen. Über nicht wenige Jugendämter ist zu hören, dass sie sogar im Rahmen ihres Controllings überprüfen, ob in informeller Weise die Fahrzeiten anderweitig eingerechnet werden. Um dies kontrollieren zu können, verpflichten sie die Fachkräfte, sich jede Stunde von den Familien abzeichnen zu lassen. Damit werden die Fachkräfte einer fatalen und nicht hinzunehmenden Dynamik sowohl im Helfer- als auch im Familiensystem ausgesetzt, die negative Auswirkungen auf die gesamte Familienarbeit hat. Bisher hat kein HzE-Träger gerichtlich die Bezahlung von Wegezeiten eingeklagt – sicherlich ein weiterer Beleg für die massive wirtschaftliche Abhängigkeit der HzE-Träger von den Kostenträgern.

Jugendämter wissen darum, dass zahlreiche, in manchen Regionen alle HzE-Träger vorwiegend Mitarbeiterinnen mit einer mehrjährigen systemischen Weiterbildung einstellen, und setzen – informell – voraus, dass diese entsprechend qualifiziert mit den Familien arbeiten. Eine entsprechende Honorierung wird bei Kostensatzverhandlungen jedoch abgelehnt. Sie wissen, dass sie diese Qualität gleichwohl erhalten werden. Dennoch ist trotz Bevorzugung dieser Zusatzqualifizierungen durch die Jugendämter nicht davon auszugehen, dass diese die daraus resultierenden Konsequenzen für die Familienarbeit und für die Zusammenarbeit zwischen Fachkräften und ASD-Sozialarbeiterinnen verstanden haben. In den 1980er- und 1990er-Jahren verfügten viele ASD-Sozialarbeiterinnen selbst über eine mehrjährige familientherapeutische Weiterbildung und wussten daher, was Fachkräfte in der Familienarbeit leisten und erreichen können. Diese Zeiten sind nach dem großen Generationenwechsel in der Jugendhilfe allerdings vorbei. Die Rahmenbedingungen verhindern es, dass heutige ASD-Sozialarbeiterinnen eigene Erfahrungen in der Beratung von Familien sammeln. Sie können dadurch nicht nachvollziehen, was in einer aufsuchenden Familienarbeit geleistet werden muss, um die Familien bzw. ihre Familienmitglieder hin zu als notwendig erachteten Veränderungen zu führen.

Aufgrund dieser Entwicklungen überrascht es nicht, dass im Allgemeinen in Hilfeplangesprächen den Familien eher lineare Veränderungsaufträge gegeben werden, die in keiner Weise die bisherigen Lebenserfahrungen, bestehende Familiendynamiken und fehlende Ideen von Selbstwirksamkeit der Familien berücksichtigen. In solchen linearen Aufträgen wird die notwendige Kooperation oder zumindest ein Austausch zwischen der ASD-Sozialarbeiterin und der beauftragten Fachkraft gar nicht mehr bedacht, geschweige denn eingeplant, obwohl sie insbesondere in Fällen von „Zwangskontext" dringend geboten ist. Auch wenn immer wieder die mangelnde Partizipation der Familien vor allem in der Hilfeplanung thematisiert und darauf gedrängt wird, die Familien mehr einzubeziehen, so ist die praktische Umsetzung weiterhin eher defizitär. Die Arbeitsbelastung der ASD-Sozialarbeiterinnen wirkt inzwischen so einschränkend, dass im Durchschnitt zeitlich nur noch *ein* Gespräch möglich ist, um den Kontakt zu einer Familie herzustellen und den Hilfebedarf zu erkunden. Es ist daher fast verständlich, dass als Folge davon auf vereinfachte Problembetrachtungen zurückgegriffen wird, die jedoch in keiner Weise der hohen Komplexität der Probleme gerecht werden.

Konfrontiert mit den sich daraus ergebenden verkürzten und damit linearen Arbeitsaufträgen müssen systemisch orientierte Fachkräfte Wege finden, dennoch ihre Betrachtungs- und Arbeitsweisen anzuwenden. ASD-Sozialarbeiterinnen haben oftmals trotz ihres defizitären Wissens äußerst klare Vorstellungen zum (methodischen) Vorgehen der aufsuchenden Fachkraft. Dies führt regelmäßig zu Konflikten, vor allem wenn die beauftragte Fachkraft ihrem systemischen Arbeitsverständnis folgen will und dies auch im Hilfeplanverfahren offen vertritt. Wenngleich jede systemisch orientierte Fachkraft sich ermutigt fühlen sollte, diese linearen Arbeitsaufträge zumindest zu „unterlaufen", so stellen lineare Direktiven zumindest eine Herausforderung dar: Leugnen der eigenen systemischen Kompetenzen oder Verlust weiterer Arbeitsaufträge durch diese ASD-Sozialarbeiterin? Häufig erweist sich ein Unterlaufen der Vorgaben als zielführender, denn in der Regel erreichen systemisch qualifizierte Fachkräfte mehr durch ihr methodisches Vorgehen als nach dem Hilfeplan angestrebt wurde – letztlich interessiert nicht der Weg, wenn das Ziel „übererfüllt" wird.

Die nicht angemessene Finanzierung etwa der regelmäßigen Supervisionen führt dazu, dass sich die Trägermitarbeiterinnen meist auf eigene Kosten weiterbilden. Dies ist jedoch ein Dilemma: Eigeninvestitionen verlangen früher oder später nach einer materiellen Anerkennung. Bleibt diese auch nach längerer Zeit des Wartens aus, wendet man sich anderen Arbeitsfeldern zu. Manche suchen in ihrer Unzufriedenheit mit den Rahmenbedingungen eine Lösung darin, dass sie sich – oft gemeinsam mit zwei oder drei anderen „Mitkämpferinnen" – selbstständig machen: Sie bieten dann als eigener HzE-Träger ihre kompetente Art der Familienarbeit an. Sie offerieren niedrigere FLS aufgrund heruntergerechneter Overhead-Kosten, um auf den Markt kommen zu können. Diese Preisabsenkungen führen regional dann zu „Preiskämpfen" und infolgedessen zu weiteren Verschlechterungen der Rahmenbedingungen und weiteren Qualitätsabsenkungen, die wiederum bei den Fachkräften zu einer größeren Unzufriedenheit beitragen – ein Teufelskreis!

Die Konkurrenzsituation unter den HzE-Trägern bewirkt deren untergeordnete Position in Verhandlungen mit den Kostenträgern, die diese nutzen, um „unnötige" Kosten herauszurechnen und angesichts der eigenen Kassenlage nahezu jede Art fachlicher Standards auszuhebeln. Die daraus folgernde Qualitätsabsenkung,

Personalfluktuation und Kostensteigerung u.a. durch Zunahme an Fremdplatzierungen wird ignoriert und in Kauf genommen. Die HzE-Träger bestehen aufgrund ihrer wirtschaftlichen Abhängigkeit in den Vertragsverhandlungen selten auf den von ihnen als erforderlich erachteten Mitteln für Supervision, geschweige denn für Fort- und Weiterbildungen. Eigentlich besteht seit Mitte der 1990er-Jahre eine gesetzliche Verpflichtung zur Qualitätssicherung. Bedauerlicherweise hat der Gesetzgeber auch im neuen SGB VIII von 2021 keinerlei Referenzgrößen festgelegt, die dann einforderbar wären.

Die Bestrebungen, möglichst vielen Familien zum günstigsten Preis HzE zukommen zu lassen, sind von einem äußerst kurzzeitigen Denken bestimmt. Denn die immer kürzer werdenden Zeiten für eine SPFH oder AFT bringen es ja nicht automatisch mit sich, dass danach keine weiteren HzE installiert und in Anspruch genommen werden. Es ist bedauerlich, dass es in Deutschland keinerlei umfassende Erhebungen gibt, wie viele Hilfen hochbelastete Familien im Laufe der Zeit erhalten, was deren Gesamtkosten sind und welche Art von (aufsuchenden) Erziehungshilfen unter welchen Rahmenbedingungen kürzere Gesamthilfezeiten und damit niedrigere Gesamtkosten bewirken. Hierzu hat, wie oben beschrieben, eine mehrere Zehntausend Familien umfassende Vergleichsstudie (Crane 2008) den Nachweis für AFT als wirksamste Hilfeform erbracht.

Fatalerweise reagieren die HzE-Träger vor allem in den aufsuchenden Erziehungshilfen nicht mit engem Zusammenschluss, sondern mit einem Anstieg ihres Konkurrenzverhaltens. Anstatt – wie in Wirtschaft und Industrie üblich – sich als Anbieter zusammenzuschließen und dadurch Einfluss und Machtpositionen zu erringen, passt man sich aufgrund der eigenen Existenzängste den immer stärker werdenden „Daumenschrauben" der Kostenträger an.

Das geringe Rückgrat dieser HzE-Träger ist sicherlich strukturell u.a. dadurch bedingt, dass es sich vor allem um kleinere Träger handelt, die oftmals finanziell mit dem Rücken zur Wand stehen. Das Feld der „ambulanten aufsuchenden Erziehungshilfen" ist seit Längerem für die großen freien Träger der Wohlfahrtspflege finanziell eher wenig interessant. Zu sehr überwiegen die finanziellen Schwankungen, die Gefahr von Finanzdefiziten, die ständig wechselnde Auftragslage sowie die immer schwieriger werdende Personalgewinnung, als dass große HzE-Träger diesen Bereich (weiter) betreiben wollen. Dieser Bereich wird gegebenenfalls nur noch betrieben, weil man um die Notwendigkeit eines Angebotes für die Jugendämter in den aufsuchenden Erziehungshilfen weiß und bereit ist, mögliche Defizite oder Schwankungen mit Hilfe anderer Arbeitsbereiche aufzufangen. Kleinere HzE-Träger sind zu dieser Querfinanzierung nicht in der Lage.

Die Konkurrenz wird von Jugendämtern noch weiter verschärft, indem inzwischen sogar für die Arbeit mit einzelnen Familien Ausschreibungen erfolgen. Dies ist m.E. nicht nur ein ethisch gegenüber den Familien nicht zu vertretendes Vorgehen, sondern zeigt, dass man so nur noch auf Kosten, jedoch nicht auf die Qualität zu achten bereit ist. Denn der billigste Anbieter erhält den Zuschlag. Damit geht auch einher, dass immer mehr sehr niedrigschwellige Hilfen eingesetzt werden und damit jede Art von Fallverständnis, das die hohe Komplexität der Familienprobleme berücksichtigt, außen vorgelassen und missachtet wird. Wenn dann noch die schlechtere Qualität von „Preisdrückern" ignoriert oder gar insoweit gefördert wird, dass man diese beauftragt und nicht die HzE-Träger, die nach Erfahrung der ASD-Mitarbeiterinnen vor Ort die bessere Arbeit leisten, ist es verständlich, dass manche den Glauben an eine qualitätsvolle Familienarbeit verlieren.

Es ist zu fragen: Was soll es dann, den Familien überhaupt noch Hilfen anzubieten? Gibt es vielleicht eine Resignation angesichts der immensen Zunahme von Problemen in Familien (vor allem nach Ende der Pandemie)? Kommt hier die abnehmende Solidarisierung breiter gesellschaftlicher Schichten zum Ausdruck, die in eigenen Abstiegsängsten die Unterstützungbedarfe von armen und hochbelasteten Familien abwehren wollen? Denn das Feilschen um Kostensätze, die immer weiter reduzierten Stundenumfänge, das Ignorieren von Qualität in der Arbeit u.a.m. lassen auf ein Desinteresse und einen Unwillen schließen, diesen Familien wirklich zu helfen.

Eigentlich müsste der gesellschaftliche, parlamentarische und strukturelle Zynismus gegenüber den Ärmsten unserer Gesellschaft den blanken Zorn der Mitarbeiterinnen in den HzE auslösen. Jedoch sind Proteste und Opposition gegenüber dieser Art von Jugendhilfepolitik in viel zu geringem Ausmaß zu verzeichnen und wenn sie auftreten, finden sie in der Öffentlichkeit nicht das dringend notwendige Gehör. Die Erfahrung von „Frontworkern" ist, dass es nur noch anhand von Brandbriefen überhaupt möglich ist, sich ein gewisses mediales – kurzdauerndes – Gehör zu verschaffen.

Die mangelnde Organisation der Fachkräfte in der Sozialen Arbeit generell ist eine seit Jahrzehnten bestehende Problematik. Sich für den Erhalt oder gar Ausbau der für die eigene Arbeit notwendigen Ressourcen einzusetzen, steht angesichts der weiteren Feminisierung und der extrem hohen Arbeitsbelastungen für die Fachkräfte meist nicht an oberster Stelle ihrer Prioritäten. So liegt diese Aufgabe auf dem Rücken weniger, die über den Mangel an ausreichender Unterstützung der rund 280.000 Beschäftigen in der Jugendhilfe enttäuscht sich dennoch für Verbesserungen einsetzen (müssen).

8. Aufsuchende Familienarbeit: linear-kompensatorisch oder systemisch?

Während die Kostenfrage der unbestreitbar wichtigste Faktor für die Qualität der Arbeit mit Familien ist, wirken sich jedoch auch die unterschiedlichen, wenn nicht gar kontrovers ausgerichteten Konzepte der Familienarbeit erheblich auf die praktische Gestaltung und deren Qualität aus. Insbesondere das äußerst starke Wiederaufleben kompensatorischer Arbeitsansätze in der Arbeit mit sogenannten „Multiproblemfamilien" erschwert es systemisch orientierten Fachkräften, andere, für notwendig erachtete (methodische) Vorgehensweisen ausführen bzw. durchsetzen zu können. Für jede systemisch weiterqualifizierte Fachkraft stellen auf Kompensation ausgerichtete Erwartungen nicht nur eine große Herausforderung dar, sondern auch eine von mangelhaftem Fallverstehen geprägte Arbeitsweise, die sie eigentlich für einen Umweg hält.

Um beispielsweise mit einer Familie eine bessere Versorgung der Kinder mit Essen und Kleidung durch die Eltern zu erreichen, führt die Begleitung zum Einkaufen oder die Anleitung zu gesunderer Ernährung nicht zu dem gewünschten Ergebnis, wenn man einmal kurzfristige Änderungen außer Acht lässt. Systemisch orientierte Fachkräfte erachten es für unbedingt notwendig, die möglichen hypothetischen Hintergründe der vermeintlich schlechten Versorgung der Kinder bei den Eltern zu erkunden: Liegt eine allgemeine Überforderung vor? Handelt es sich um eine aktuelle oder eine strukturelle Krise? Ist es ein Mangel an Selbstwertgefühl, der dazu beiträgt, das Leben nicht „in die Hand" zu nehmen? Gibt es innere Glaubensätze, die sich destruktiv auf die aktuell geforderte Handlungsfähigkeit auswirken? Bestehen Partnerschaftsprobleme, in deren Zusammenhang eine Art Machtkampf über die „Zuständigkeit" in der Versorgung ausgetragen wird? Werden mit dem Problemverhalten negative Erwartungen des Umfeldes, insbesondere der Herkunftsfamilie bestätigt?

Zentral für diese Überlegungen sind die von einem systemischen Denken geprägten Annahmen: Problemverhalten ist ein Lösungsverhalten und (Problem-)Verhalten stellt ein sinnvolles Verhalten in dem jeweiligen Kontext dar. Diese Art von Fallverständnis bringt es mit sich, die hypothetisch vermuteten Hintergründe in die Bearbeitung der Auffälligkeiten und Schwierigkeiten einzubeziehen. Erst wenn die Sinnhaftigkeit des Problemverhaltens „verstanden" wird, ergibt sich die Möglichkeit, andere, bisher nicht vollzogene Lösungswege zu gehen. Denn es stellt sich immer die Frage, warum wenig hilfreiche, gar destruktive Lösungsversuche beibehalten werden, und was andere, konstruktivere Lösungen verhindert.

Da SPFH oftmals von ihren Vertreter/innen als „nicht-therapeutisch" propagiert wird, ist zu fragen: Was leistet SPFH im Unterschied zu „Therapie" (oder zur AFT)? Bis heute gibt es keine Antworten u.a. auf folgende Fragen:

- Was ist das eigentliche Konzept der SPFH?

- Wodurch verändern sich im Rahmen einer SPFH Menschen? Was trägt zu Veränderungen bei?

- Welche Rolle spielen psychische und mehrgenerationale Probleme?

- Welches methodische Vorgehen führt zu welchem Effekt?

- Über welche – über die formalen hinausgehenden – Qualifikationen sollten Sozialpädagogische Familienhelferinnen verfügen – und warum?

- Welchen Stellenwert haben Gespräche mit Einzelnen und Familiengespräche?

Würde man nach Antworten auf diese Fragen suchen, kann man davon ausgehen, dass viele Antworten aus einem systemischen Arbeitsverständnis entstammen. Dies ist nicht erstaunlich, denn wer länger mit sogenannten „Multiproblemfamilien" gearbeitet hat, weiß aus Erfahrung, wie hilfreich diese Vorgehensweisen sind. Könnte man daher dann davon sprechen, dass inzwischen eine systemisch orientierte SPFH das nunmehr gültige Konzept darstellt? Die bisherigen Ausführungen zu einer linear orientierten SPFH und einer systemisch orientierten AFT haben die zwei grundlegenden Unterschiede herausgestellt: die Orientierung an Defiziten versus den Ressourcen der Familien und die Arbeitsweise der Kompensation dieser Defizite versus einer Hilfe zur Veränderung.

AFT wird gelegentlich dafür kritisiert, keine konkreten sozialarbeiterischen Aufgaben zu übernehmen wie Behördengänge, Kontakte mit Schulen, Kindergärten und anderen Institutionen, Schuldenregulierung, haushaltsnahe Hilfen u.a.m. Diese Zuarbeiten werden allerdings nicht generell abgelehnt, vor allem wenn man akut und unter Zeitdruck zunächst nicht auf die weitere „Öffnung" der vorhandenen familialen Ressourcen warten kann. Sicherlich kann und sollte eine AFT in systemischer Weise solche Unterstützungserwartungen aufgreifen. Dies geschieht nicht nur, weil sonst das umgebende Helfersystem zu ungeduldig und skeptisch mit den zunächst langsam einsetzenden Veränderungsprozessen umgeht und gegebenenfalls zu rasch so interveniert, dass eine weitere Arbeit nicht (mehr) möglich ist.

Wenn Aufsuchende Familien*therapeutinnen* „Ersatz"wünsche aufgreifen, dann erfolgt das auf systemische Weise. Einige Beispiele: Die Mutter nimmt die anstehenden Vorsorgeuntersuchungen für ihre Kinder bisher nicht oder nicht regelmäßig wahr. Die Aufsuchenden Familientherapeutinnen begleiten eine solche Mutter zu den Arztterminen, nutzen aber die Gelegenheit, in zirkulärer Weise die bisherige Vermeidungstendenz zu verstehen, suchen nach hypothetischen Vor- und Nachteilen dieses Flüchtens vor staatlicher Kontrolle und Einmischung, sprechen die inneren Glaubenssätze der Mutter in Hinblick auf gelingendes Aufziehen ihrer Kinder an, greifen Ohnmachtserfahrungen im Zusammenhang sowohl mit den Kindern als auch mit den Außensystemen auf u.Ä.m. Dies geschieht entweder in der direkten Begleitung oder in deren Vorfeld. Die vorsichtige, respektvolle Thematisierung der „erschwerenden" Aspekte trägt erheblich dazu bei, die bisher bestehenden Hindernisse aufzugreifen und notwendige Veränderungen zu unterstützen. Wenn es dennoch zur Übernahme von Ersatzfunktionen kommt, werden diese auf jeden Fall in ihrer depotenzierenden Wirkungsweise angesprochen:

> „Ich kann gerne das Formular für Sie ausfüllen, da ich mitbekomme, wie schwer das für Sie ist. Ich bin mir aber sicher, dass Sie von mir und anderen deswegen nicht als jemand behandelt werden möchten, dem man wie einem Kind sagt, was Sie tun sollten. Ich hätte folgenden Vorschlag: Wie wäre es, wenn ich das zwar für Sie ausfülle, aber wir gemeinsam überlegen, was dort hineingeschrieben werden soll?"

Systemisch orientierte Familien*helferinnen* werden – wenn sie konsequent systemisch arbeiten – ebenfalls ein solches Vorgehen wählen und in den Interaktionen mit der Familie bzw. den einzelnen Familienmitgliedern den o.g. Prämissen entsprechend vorgehen. Störend wirkt sich dabei jedoch eine Erwartung an ihre Tätigkeit aus, letztlich Ersatzfunktion zu übernehmen. Diese „Ersatzrolle“ steht in Widerspruch zu ihrer systemischen Grundhaltung. Bei häufiger Übernahme dieser gewünschten kompensatorischen Funktion droht die Gefahr, dadurch ihre auf systemischem Denken basierenden Kompetenzen mehr und mehr zu verlieren. Sie bemerken dabei oftmals diesen Verlust nicht, sondern erleben (wieder) die Anstrengungen einer Arbeit, die nicht ausreichend die Ressourcen und Stärken der Familien einbezieht.

Zahlreiche ausgebildete systemische Therapeutinnen bzw. Familientherapeutinnen sind nicht (mehr) gewillt, Vorgehensweisen zu übernehmen, die nicht ihrer Haltung, Kompetenz und Identität entsprechen – und fanden bzw. finden in der AFT ein Konzept, das ihnen eine Integration all dessen erlaubt, was ihnen in der Arbeit mit hochbelasteten Familien wichtig ist und sich als hilfreich(er) erwiesen hat. Die mangelnde Bereitschaft der Jugendämter, dieser Art von Arbeit einen entsprechenden Stellenwert (mit ausreichender finanzieller und personeller Ausstattung) zu geben bzw. sie stärker in Anspruch zu nehmen, bleibt derzeit ein Rätsel – denn man könnte es eigentlich besser wissen.

9. Ausblick

Vielfach wird HzE-Trägern, die einem Jugendamt AFT als Leistungsangebot unterbreiten, entgegengehalten, dass diese zu teuer sei und keine Wirksamkeitsnachweise vorliegen. Zur Kostenfrage: Auf die Gesamtdauer gerechnet, erhalten Multiproblemfamilien oft über viele Jahre Hilfen, die zwar in der Bezeichnung von SPFH zu Einzelfallhilfe, zu Tagesgruppe, zu Integrierter Hilfe usw. wechseln mögen. Veränderungen bei Problemlösungsmustern und in der Familiendynamik sind jedoch kaum zu verzeichnen. AFT – wenn entsprechend ausgestattet – kann in wesentlich kürzerer Zeit und anhaltend zu grundsätzlichen Veränderungen der familialen Problemlagen beitragen. Somit kommt man bei fast gleichen Stundensätzen zu mindestens ähnlichen bzw. geringeren Gesamtkosten, auch wenn Aufsuchende Familientherapeutinnen zu zweit arbeiten. Zieht man die Folgekosten heran bei Nicht-Veränderungen im Familiensystem in Form von Fremdunterbringungen, so zeigen die US-Studien von Crane eine eindeutige Kostenersparnis.

Zur Frage der Wirksamkeit: Seit 1993 hat es keine umfangreiche Evaluierung der SPFH gegeben. Abgelehnte Versuche, dieses Arbeitsfeld ausreichend in seiner Wirkung zu beforschen und entsprechende Forschungsprojekte zu finanzieren, lassen auf ein ausgeprägtes Desinteresse an einer möglicherweise unzureichend qualifizierten Hilfeform schließen. Dabei weisen Abbruchquoten von durchschnittlich 39 % auf die Notwendigkeit hin. AFT ist es bis vor Kurzem nicht gelungen, finanzielle Mittel für eine wissenschaftliche Evaluation einzuwerben. Aufgrund eines Beschlusses der Mitgliederversammlung der DGSF im November 2019 wird seit dem Frühjahr 2022 eine bundesweite Evaluationsstudie zur AFT und zur SPFH durchgeführt. Mit ersten Ergebnissen ist voraussichtlich 2024/2025 zu rechnen.

Seit über 40 Jahren gibt es im Bereich der aufsuchenden ambulanten Erziehungshilfen und vor allem der SPFH keine organisierte Interessenvertretung. Versuche in den 1980er- und 1990er-Jahren, eine eigene Fachorganisation aufzubauen, scheiterten immer wieder an einer ausreichenden Zahl von Fachkräften, die diese tragen wollten und konnten. Die DGSF hat sich dieser Thematik in den letzten Jahren angenommen und ist bisher der einzige Fachverband, der sich über die Durchführung einer Evaluationsstudie hinaus nunmehr schwerpunktmäßig in einer Qualitätsoffensive mit der Lage und den Mängeln in den aufsuchenden Erziehungshilfen beschäftigt. In der großen, 9.000 Personen umfassenden Mitgliedschaft, die sich ungefähr zu drei Vierteln aus in der Jugendhilfe

Tätigen rekrutiert, besteht ein großes Interesse, sowohl systemisch orientierten HzE-Trägern als auch systemisch orientiert arbeitenden Familienhelferinnen sowie Aufsuchenden Familientherapeutinnen eine bessere Sichtbarkeit, Einflussnahme und politische Positionierung innerhalb der Jugendhilfe zu verschaffen. In diesem Zusammenhang werden seit 2022 jährliche Fachtage zu Fragestellungen der aufsuchenden Erziehungshilfen digital durchgeführt; sie finden eine große Resonanz und wirken identitätsstiftend in diesem Feld. Darüber hinaus wurde im Rahmen der Qualitätsoffensive ein „Positionspapier zur Situation der ambulanten Erziehungshilfen ‚Hingeschaut'"[4] entwickelt und von der DGSF-Mitgliederversammlung 2022 verabschiedet. Es fand bundesweit in der Fachszene großen Anklang. Ferner werden in einer Serie von Gesprächen mit namhaften Jugendhilfeexpert/innen weitere Strategien entwickelt, um die fachliche und politische Stellung und Rolle der aufsuchenden Erziehungshilfen zu verbessern und Qualitätsstandards durchzusetzen.

Es geht also voran, auch wenn die allgemeine Situation der Jugendhilfe – und hier vor allem die äußerst schwierigen Zustände in den Jugendämtern – derzeit von sich ständig verschärfenden Krisen gekennzeichnet ist. Es gilt, sich den Absenkungen an Qualität in dieser so wichtigen Arbeit mit hochbelasteten und armen Familien gemeinsam entgegenzustellen.

---

4 https://www.dgsf.org/themen/Familien-Jugend-Sozialpolitisches/sammelordner-dokumente/positionspapier-hingeschaut (30. August 2023).

Literatur

Beckmann, Christof/Schrödter, Mark (2006): Dienstleistungsqualität in der Sozialen Arbeit: Vorstellung und erste Ergebnisse eines Forschungsprojektes aus der Sozialpädagogischen Familienhilfe (SPFH), in: Fröhlich-Gildhoff, Klaus/Engel, Eva-Maria/Rönnau, Maike/Kraus, Gabriele (Hrsg.): Forschung zur Praxis in den ambulanten Hilfen zur Erziehung. Freiburg i.Br., S. 101–116.

Beckmann, Christof/Otto, Hans-Uwe/Schaarschuch, Andreas/Schrödter, Mark (2007): Qualitätsmanagement und Professionalisierung in der Sozialen Arbeit. Ergebnisse einer Studie zu organisationalen Bedingungen ermächtigender Formalisierung, in: Zeitschrift für Sozialreform, 53, 3, S. 275–295.

Blüml, Herbert/Helming, Elisabeth/Schattner, Heinz (1994): Sozialpädagogische Familienhilfe in Bayern. Abschlussbericht.

Boscolo, Luigi (1993–2000): Destruktive Stimmen – Delinquente Kinder und Jugendliche und Erwachsene. Über die Externalisierung von Problemen und die Schaffung von konstruktiven Realitäten in systemischer Therapie und Beratung. Workshops am Context-Institut für systemische Therapie und Beratung, Berlin.

Boszormenyi-Nagy, Ivan/Spark, Geraldine (1981): Unsichtbare Bindungen, Stuttgart.

Cecchin, Gianfranco/Lane, Gerry/Ray, Wendel A. (1993): Respektlosigkeit: Eine Überlebensstrategie für Therapeuten, Heidelberg.

Cecchin, Gianfranco/Conen, Marie-Luise (2008): Wenn Eltern aufgeben. Therapie und Beratung bei konflikthaften Trennungen von Eltern und Kindern, Heidelberg.

Christmann, Christine/Müller, C. Wolfgang (1986): Sozialpädagogische Familienhilfe. Bestandsaufnahme, Entwicklung, Perspektiven, Modelle, Berlin.

Conen, Marie-Luise (1990a). Familienhilfe zwischen helfen und helfen, zu verändern, in: Theorie und Praxis der Sozialen Arbeit, 41, S. 259–265.
Conen, Marie-Luise (1990b): Elternarbeit in der Heimerziehung. Eine empirische Studie zur Praxis der Eltern- und Familienarbeit in Einrichtungen der Erziehungshilfe, Frankfurt a.M., http://www.context-conen.de/artikel/scans_buecher_vergriffen/Conen-Elternarbeit%20in%20der%20Heimerziehung%20Teil-A.pdf (29. August 2023).
Conen, Marie-Luise (1993): Sozialpädagogische Familienhilfe am Wendepunkt, in: Soziale Arbeit 43, 9/10, S. 291–298.
Conen, Marie-Luise (1997): Sexueller Missbrauch aus familiendynamischer Sicht, in: Deutsches Jugendinstitut (Hrsg.): Handbuch Sozialpädagogische Familienhilfe, Stuttgart, S. 384–400.
Conen, Marie-Luise (1999a): Aufsuchende Familientherapie – eine ambulante Hilfe für Multiproblemfamilien, in: Sozialmagazin 24 (4), S. 35–39.
Conen, Marie-Luise (1999b): Problemkarrieren von delinquenten Kindern unterbrechen – Aufsuchende Familientherapie, eine Hilfeform bei Problemkarrieren, in: Forum Erziehungshilfen, 5, S. 117–124.
Conen, Marie-Luise (Hrsg.) (2002): Wo keine Hoffnung ist, muss man sie erfinden – Aufsuchende Familientherapie, Heidelberg.
Conen, Marie-Luise (2006): Therapeutisierung der Sozialarbeit? Oder: Zirkuläres Fragen ist zirkuläres Fragen, in: Kontext – Zeitschrift für systemische Therapie und Familientherapie 37, 2, S. 191–198.
Conen, Marie-Luise (2019): Ohne Herkunftseltern geht es nicht. Lebensperspektiven von Pflegekindern zwischen Herkunftsfamilie und Pflegeeltern, in: Zeitschrift Kindschaftsrecht und Jugendhilfe, 9/10, S. 341–348.
Conen, Marie-Luise (2021): Abschied von einer elternstärkenden Jugendhilfe? Kritische Betrachtungen zur „Reform“ des Kinder-

und Jugendstärkungsgesetzes (KJSG), in: Zeitschrift für systemische Therapie und Beratung, 39, 3, S. 110–119.

Conen, Marie-Luise/Cecchin, Gianfranco (2007): Wie kann ich Ihnen helfen, mich wieder loszuwerden? Therapie mit unmotivierten Klienten und in Zwangskontexten, Heidelberg.

Crane, Russell. D. (2008): The Cost-Effectiveness of Family Therapy: A Summary and Progress Report, in: Journal of Family Therapy, 30, S. 399–410.

Crane, Russell D./Hillin, Harvey H./Jakubowski, Scott F. (2005): Costs of Treating Conduct Disordered Medicaid Youth with and without Family Therapy, in: American Journal of Family Therapy, 33, S. 403–413.

DJI – Deutsches Jugendinstitut (Hrsg.) (1997): Handbuch Sozialpädagogische Familienhilfe, Stuttgart.

Freigang, Werner/Jankowski, Dennis/Petitjean, Myrjam/Schröder, Oliver (2008): Evaluation ambulanter Erziehungshilfen. Bericht und Materialien zum Modellprojekt des Landes Mecklenburg-Vorpommern in den Hansestädten Greifswald (federführend) und Wismar und den Landkreisen Güstrow und Rügen.

Frindt, Anja (2006): Prozesse in der Sozialpädagogischen Familienhilfe. Eine Einzelfallstudie, Siegen.

Frindt, Anja/Wolf, Klaus (2009): Steigerung der Wirksamkeit intensiver ambulanter erzieherischer Hilfen (SPFH). Abschlussbericht der wissenschaftlichen Begleitung des Modellprojektes, Münster.

Fröhlich-Gildhoff, Klaus/Engel, Eva-Maria/Rönnau, Maike (2006): SPFH im Wandel? Untersuchungsergebnisse zu Konzepten, Praxis und Rahmenbedingungen der Sozialpädagogischen Familienhilfe. Freiburg i.Br.

Gut, Andreas: Theoretische Grundlagen, konzeptionelle Entwürfe und strukturelle Rahmenbedingungen, in: Gut, Andreas/Langness, Anja/Ley, Thomas/Pothmann, Jens (Hrsg.) (2022): Aufsuchende sozialpädagogische Familienhilfen, Berlin, S. 13–235.

Hofer, Bettina/Lienhart, Christina (2008): Evaluation Ambulante Familienarbeit Tirol unter besonderer Berücksichtigung der Perspektive der Familien. „Sie hat wirklich alles getan, sie war wirklich da." Ergebnisbericht.

Kindler, Heinz/Helming, Elisabeth/Meysen, Thomas/Jurczyk, Karin (Hrsg.) (2011): Handbuch Pflegekinderhilfe, München.

Köckeritz, Christine (2009): Wirksamkeit der ambulanten Jugendhilfe – Daten, Debatten und offene Fragen, in: Zeitschrift für Kindschaftsrecht und Jugendhilfe, 12, S. 477–482.

Lindblad-Goldberg, Marion/Morrison-Dore, Martha/Stern, L. (1998): Creating Competence from Chaos. A Comprehensive Guide to Home-Based Services, New York.

Meysen, Thomas/Lohse, Katharina/Schönecker, Lydia/Smessaert, Angela (Hrsg.) (2022): Das neue Kinder- und Jugendstärkungsgesetz – KJSG, Baden-Baden.

Minuchin, Salvador (1977/1997): Praxis der strukturellen Familientherapie, Freiburg i.Br.

Nielsen, Heidi/Nielsen, Karl/Müller, C. Wolfgang (1984): Sozialpädagogische Familienhilfe. Probleme, Prozesse und Langzeitwirkungen, Weinheim/Basel.

Nüsken, Dirk M./Berg, Annette (2022): Fort- und Weiterbildungen im ASD. Stiefkind oder elementarer Bestandteil der Personalentwicklung, in: Jugendamt, 6, S. 307–312.

Petko, Dominik (2004): Gesprächsformen und Gesprächsstrategien im Alltag der Sozialpädagogischen Familienhilfe, Göttingen.

Pressel, Ingeborg (1981): Modellprojekt Familienhilfe in Kassel – Bericht der wissenschaftlichen Begleitung, Frankfurt a.M.

Schuster, Eva Maria (1997): Sozialpädagogische Familienhilfe (SPFH). Aspekte eines mehrdimensionalen Handlungsansatzes für Multiproblemfamilien. Frankfurt a.M. u.a.

Simon, Fritz B./Weber, Gunthard (1992): Vorfall oder Rückfall. Über den systemischen Umgang mit wiederkehrenden Verhaltensweisen, in: Familiendynamik, 17, S. 93–99.

Trepper, Terry S./Barrett, Mary Jo (Hrsg.) (1991): Inzest und Therapie. Ein (system) therapeutisches Handbuch, Dortmund.

Weber, Maria Elisabeth (2001): Familien als Koproduzenten sozialpädagogischer Interventionen – Zur Innensicht Sozialpädagogischer Familienhilfe, Graz.

Wiesner, Reinhard (Hrsg.) (2011): SGB VIII Kinder- und Jugendhilfe. Kommentar, München.

Wnuk-Gette, Gisal/Wnuk, Werner (1997): Systemisch-integrative Familientherapie/-beratung in sozialen Diensten. Erfahrungen mit einem systemisch-integrativen Beratermodell, in: System Familie, 10, S. 81–87.

Wolf, Klaus (2006): Sozialpädagogische Familienhilfe aus Sicht der Klientinnen und Klienten. Forschungsergebnisse und offene Fragen, in: Fröhlich-Gildhoff, Klaus/Engel, Eva-Maria/Rönnau, Maike/Kraus, Gabriele (Hrsg.): Forschung zur Praxis in den ambulanten Hilfen zur Erziehung. Freiburg i.Br., S. 83–99.

Woog, Astrid (1998): Soziale Arbeit in Familien. Theoretische und empirische Ansätze zur Entwicklung einer pädagogischen Handlungslehre, Weinheim.

Zum Weiterlesen:

Recht der Kinder- und Jugendhilfe
SGB VIII mit anderen Gesetzen und Verordnungen
4. Aufl. 2021, 596 Seiten, kart., 12,90 €, für Mitglieder des Deutschen Vereins 9,90 €
ISBN 978-3-7841-3148-1

Auf dem Weg zur inklusiven Kinder- und Jugendhilfe
Archiv für Wissenschaft und Praxis der Sozialen Arbeit Nr. 3/2023
104 Seiten, kart., 18,20 €, für Mitglieder des Deutschen Vereins 14,50 €
ISBN 978-3-7841-3590-8

Was braucht ein zukunftsweisender ASD?
Impulse von Stefan Bestmann und Delia Godehardt
2020, 64 Seiten, kart., 9,00 €, für Mitglieder des Deutschen Vereins 7,50 €
ISBN 978-3-7841- 3269-3

Methodenhandbuch Kinder und Jugendliche aus suchtbelasteten Familien
Corinna Oswald, Janina Meeß
2. Aufl., 2022, 294 Seiten, kart. 27,00 €
ISBN: 978-3-7841-3409-3

Eckpunkte des Deutschen Vereins zur Durchführung von Auslandsmaßnahmen, insbesondere von intensivpädagogischen Einzelmaßnahmen im Ausland
https://www.deutscher-verein.de/de/uploads/empfehlungen-stellungnahmen/2022/dv-19-21_auslandsmassnahmen.pdf

Bestellen Sie versandkostenfrei in unseren Online-Buchshops:
www.verlag.deutscher-verein.de
www.lambertus.de